à Geneviève,

merci pour tout —

Amusez-vous

Joyeuse Lecture

Louise

Anecdotes
d'une agente
d'artistes

Louise Hébert

Anecdotes d'une agente d'artistes

Découvrez la face cachée du métier d'enfant-acteur

Avec le récit de
France Castel
Jocelyne Cazin
Isabelle Lajeunesse
Guillaume Lemay-Thivierge
Marie-Josée Longchamps
Mahée Paiement

BÉLIVEAU
éditeur

Conception de la couverture : Christian Campana,
www.christiancampana.com
Photographie de la couverture : Pierre Hébert
Modèle de la couverture : Ariane Hébert

Dépôt légal : 4e trimestre 2015
Bibliothèque et Archives nationales du Québec
Bibliothèque et Archives Canada

ISBN 978-2-89092-744-5
ISBN Epub 978-2-89092-745-2

BÉLIVEAU
—★—
é d i t e u r

80, rue de Montmagny
Boucherville (Québec) Canada J4B 4J2
450 679-1933   Télécopieur : 450 679-6648

www.beliveauediteur.com
admin@beliveauediteur.com

Gouvernement du Québec – Programme de crédit d'impôt pour l'édition de livres – Gestion SODEC – www.sodec.gouv.qc.ca.

Nous reconnaissons l'aide financière du gouvernement du Canada par l'entremise du Fonds du livre du Canada pour nos activités d'édition.

IMPRIMÉ AU CANADA

En hommage à ma mère,
celle qui m'a donné le goût de faire ce métier.

À mon père,
qui m'a encouragée à le poursuivre.

À mon frère,
pour sa présence dans ma vie.

En héritage à mon fils, Pierre-Luc,
dont je suis si fière.

Louise Hébert

Note: À la fin du volume, dans la section *Lexique*, vous trouverez les significations des expressions suivies d'une astérisque * ainsi que d'autres définitions.

Table
des matières

Avant-propos

Bienvenue dans les coulisses du show-business, dans l'arrière-scène de mes 40 ans d'expérience, de plaisir, de bonheur, de labeur, de sueur. À travers mon regard de comédienne, de professeure de théâtre, d'agente d'artistes, découvrez ce monde fascinant que celui du métier d'acteur, par des anecdotes juteuses, suaves, parfois dramatiques, parfois humoristiques.

Je viens ici vous dire tout haut ce que trop de gens pensent tout bas. Je vous ouvre toute grande une porte, celle des secrets bien gardés des plateaux de tournage. Vous serez témoin de faits vécus par des enfants-acteurs et par plusieurs grandes vedettes que vous admirez sur vos écrans.

Vous passerez par toutes les gammes d'émotions. Vous serez intrigué, amusé, attristé, découragé, choqué, subjugué ou envoûté par cette jungle artistique: des gens doux comme des agneaux, fidèles comme des chiens, rusés comme des renards, hypocrites comme des chats, fiers comme des paons, sournois comme des serpents et affamés du gain comme des requins. Eh oui, un monde fascinant, mais parfois révoltant.

Le métier d'acteur se compare à des montagnes russes. Obtenir un rôle, c'est un peu gagner à la loterie et vouloir partager son euphorie. L'adrénaline, la dopamine, la sérotonine, l'endorphine montent au cerveau. On semble voler, planer tout là-haut, semblable à un oiseau.

Apprendre que l'on n'est pas retenu pour tel film, publicité ou série, c'est la dégringolade, la descente à toute vitesse au creux du manège. On est loin de la pente douce. La peine, la rage ou l'impuissance s'immiscent dans nos veines. On voit tout en noir, on veut lâcher le métier alors que c'est le métier qui nous lâche momentanément.

Toutes ces émotions sont normales et peuvent être bien contrôlées, comme vous le verrez plus tard. Imaginez-les maintenant vécues par des enfants-acteurs lorsqu'elles sont amplifiées par l'attitude de leurs parents.

J'ai eu le privilège d'avoir une mère et un père qui m'ont toujours encouragée, sans m'épuiser ni me forcer à être en haut de l'affiche. Déjà, à l'âge de trois ans, je jouais la comédie; j'étais déjà une «verbo-motrice». Plutôt que de me réprimer, ma mère m'avait inscrite à des cours de diction afin de me permettre d'extérioriser et canaliser mon besoin d'expression. J'étais la plus jeune, mais certainement pas la plus silencieuse. Mon professeure m'installait à côté d'elle, essayant, tant bien que mal, de capter toute mon attention et, surtout, de me faire taire. Mais je voulais raconter des histoires!!!

Plusieurs années plus tard, mes paroles demeurent intarissables, m'exprimer représente encore un besoin viscéral. Voilà pourquoi il était si important d'écrire un livre. Antoine Filissiadis a écrit dans *Va au bout de tes rêves*: «Derrière l'envie d'écrire se camoufle subtilement le besoin de reconnaissance[1].» Inconsciemment, j'avais besoin de couronner mes efforts par une œuvre concrète, vivante, utile pour les années à venir. Ce livre ressemble pour moi à une collation des grades, celle qui n'a pas

---

1 FILISSIADIS, Antoine. *Va au bout de tes rêves!*, Ed. Le Souffle d'Or, 1998.

eu lieu lorsque j'ai obtenu mes diplômes de baccalauréat et de maitrise de l'Université. J'avais reçu mes deux beaux papiers par la POSTE. Aujourd'hui je porte fièrement ma toge et mon mortier en vous livrant ce livre avec bonheur.

En même temps, je ne pouvais plus garder le silence, le moment était venu de vous dévoiler la face cachée de ce métier si convoité: la carrière d'acteur. Ne vous attendez pas à un voyage sur un long fleuve tranquille mais à une mer tumultueuse, parfois dérangeante, parfois agréable à regarder. Certains marins racontent à la blague que ce qui est au large doit rester au large. Mais aujourd'hui vous êtes privilégié, car ce qui se vit sur les plateaux de tournages, je vous le révèle à 100 %, sans filtre ni pudeur.

Ce livre vous fera connaitre sans mensonges les mille et un visages de ce métier si mystérieux. À la suite du récit de mes expériences ainsi que celles de mes artistes, quelques-unes de nos vedettes ont généreusement offert de nous décrire des anecdotes incroyables. Vous désirez prendre le chemin de la comédie? Des avantages et des désavantages vous seront divulgués, de même que quelques points qui vous aideront à faire des choix judicieux avant de tomber la tête première dans cette profession. Vous êtes parent d'enfant-acteur? Des petits conseils vous seront offerts gentiment afin de développer le plein potentiel artistique de votre jeune.

Laissez-vous porter par toutes ces facettes de l'autre côté du décor, dans...

3, 2, 1...
ACTION!

1.

De mes rêves d'enfant à la réalisation

Passion et cheminement de Louise

En première année, à l'église lors d'une attente au confessionnal, j'aimais attirer l'attention de mes petites amies. Raconter toutes sortes d'histoires pour faire rire la galerie me rendait si heureuse que j'en oubliais le lieu saint où nous nous trouvions. Comme un coup de canon, j'ai su, par une gifle cinglante du professeur, que les plaisanteries et les rires n'avaient pas leur place dans ce sanctuaire.

Quelle surprise! Quelle honte! Dans ma petite tête d'enfant, je n'avais rien fait de grave, je racontais déjà des anecdotes, je semais la joie.

J'appréciais les téléromans humoristiques dont *Moi et l'autre*. Je me cachais assise par terre dans le corridor menant au salon. Je regardais cette émission qui était diffusée à une heure tardive, jusqu'à ce que mon père s'en aperçoive et me dise: *Loulou, va te coucher.*

Parler, lire, écrire, suivre des cours de théâtre, et regarder les acteurs jouer à la télévision faisaient partie de mes centres d'intérêts. Ce sont peut-être ces déclics qui m'ont donné le goût de devenir comédienne, professeure et directrice d'une école de théâtre et, finalement, agente d'artistes*. Je désirais m'exprimer et aider les enfants à exploiter leurs talents. Je portais divers chapeaux: administratrice, comédienne, professeure et maman d'un enfant-acteur. Je ne dis pas que c'est une nécessité d'avoir toutes ces aptitudes, mais celles-ci ainsi que ma passion m'ont aidée à me hisser plus rapidement au sommet des agentes d'artistes pour les jeunes.

Ma soif d'apprendre demeurait intarissable. J'ai commencé dès l'âge de trois ans mes études au Conservatoire Lassalle. J'y suis restée trente-trois ans, non pas parce que je n'apprenais pas rapidement, mais parce que j'ai enseigné et possédé une école affiliée à cette institution. J'ai poursuivi un cours d'anima-tion de radio et de télévision chez Promedia, puis des études au baccalauréat et à la maitrise en art dramatique à l'Université du Québec à Montréal. Toutes ces études pour approfondir mes connaissances et atteindre mes objectifs. Ainsi, je peux dire que j'ai œuvré dans le domaine artistique toute ma vie.

Je me suis souvent demandé pourquoi Céline Dion s'achar-nait à présenter de nombreux spectacles à toutes les semaines, même si elle était parfois fatiguée et malgré tous ses millions en banque. La réponse est fort simple: elle a la *Passion* de son métier, avec un grand «P». C'est ce qui la motive à continuer, malgré le stress et le travail immense.

Je me suis posé la même question: «Qu'est-ce que tu ferais, Louise, si tu gagnais un million de dollars?»

Je continuerais d'écrire, de communiquer et d'enseigner. Je suis donc au bon endroit, j'œuvre dans un domaine qui me pas-sionne. C'est lorsqu'on se pose cette question qu'on découvre notre vraie passion.

Et vous, que feriez-vous avec un million de dollars?

On dit souvent que nos rêves d'enfants sont le reflet de notre passion, donc de notre mission de vie. Lorsque j'étais petite, j'inventais des histoires, je me déguisais et je créais des spectacles avec mon frère. Le pauvre, je l'ai déjà habillé avec la robe de ma mère. Heureusement, il ne m'en a pas tenu rigueur. Donc, déjà dans ma jeunesse, mes jeux me prédisposaient à devenir comédienne, puis professeure.

Et vous, quels étaient vos rêves lorsque vous étiez enfant?

☺ Habiter la maison d'Hansel et Gretel afin de manger à volonté chocolat et bonbons?

☺ Voler comme Peter Pan à travers les nuages aux formes diverses: lapin, ourson, autos, fleurs...?

☺ Trouver une bague dans une boite de Cracker Jack et souhaiter qu'un Prince Charmant vous demande en mariage?

☺ Ouvrir une boulangerie afin de manger du bon pain frais chaque matin?

☺ Travailler chez un fleuriste pour respirer les effluves des roses, azalées, lys, jasmin et bergamotes?

☺ Devenir agent de bord pour faire le tour du monde?

☺ Vous transformer en Robin des Bois pour sauver les plus démunis?

☺ Personnifier James Bond afin de vivre de multiples missions?

☺ Aller à Walt Disney pour s'amuser dans les manèges, en particulier dans les montagnes russes?

Pour ce dernier rêve, vous n'avez pas besoin d'aller dans un parc d'attractions afin de ressentir ces sensations fortes. Vous avez simplement à devenir comédienne ou agente d'artistes.

Vous vivrez des hauts et des bas et, entre les deux, l'attente, la frénésie, la peur, la déception, la joie, la folie, l'euphorie.

Avant de voyager à travers ma carrière de comédienne, celle d'agente d'artistes et les anecdotes de vos vedettes préférées, allons faire un tour dans mon métier de professeure de théâtre avec des événements qui ont marqué ma vie.

Blanche-Neige et les sept nains[2]

Il était une fois 12 élèves de l'École théâtrale Louise Hébert prêts à s'envoler vers Vancouver pour participer au Festival national de théâtre au secondaire. Les passagers à l'aéroport de Montréal se questionnèrent en voyant les jeunes transporter 12 petits paniers enveloppés dans du papier de Noël. Chose assez bizarre, car le lendemain on fêtait Pâques. Ce groupe semblait s'en aller chez Mère-grand dans le conte du Petit Chaperon rouge, mais c'est la pièce *Blanche-Neige et les sept nains* que ces jeunes allaient présenter.

Dans l'avion, notre accessoiriste de 28 ans s'est fait demander ses papiers pour acheter du vin. Dans une autre section, deux de nos adolescents de 15 ans ont pu se procurer du *rhum and coke* sans problème. Comme quoi les agents de bord n'ont pas tous la même vue. Cherchez l'erreur!

Tous les membres du groupe étaient logés chez des familles bien accueillantes. Il n'y a pas seulement les personnes qui étaient affables, mais les animaux. Dans la famille de la costumière et trois comédiennes du groupe, deux chiens les ont accueillies en sautant sur elles. Un ressemblait à un animal moitié chien, moitié cheval. Dire qu'elles avaient demandé une famille sans animaux et de «non-fumeur». L'homme fumait comme une cheminée. Sa femme leur disait que, si elle les avait

---

2   Texte inspiré du récit de voyage de Nicole Boulé, parent accompagnateur.

mieux connues, elle leur aurait demandé de lui apporter du sirop d'érable. Quel beau hasard, elles leur avaient offert un cadeau de bienvenue: quatre des douze beaux paniers de Noël contenaient chacun deux boites de sirop d'érable et ses produits dérivés. La dame s'est donc retrouvée avec huit boites de sirop. Je vous dis qu'elles en ont mangé, des crêpes, durant leur semaine.

De mon côté, j'habitais avec Louise Bergeron, professeure et directrice de la deuxième troupe qui représentait le Québec au Festival. Je lui en serai toujours reconnaissante, car c'est grâce à elle que j'avais appris que ce Festival existait et que j'ai pu y participer avec mes jeunes. Nous n'avions pas de famille pour nous recevoir, nous habitions seules dans l'appartement et devions faire l'épicerie et les repas. Avec le peu de temps que nous avions entre les ateliers durant le jour et les spectacles le soir, nous aurions apprécié un cuisinier. De plus, le logis était sale, et les lits, sans draps ni couvertures. En fouillant dans les armoires, une porte s'est décrochée et je l'ai reçue sur la tête. Quel accueil!

Deux autres filles de la troupe logeaient dans une famille assez spéciale. À six heures du matin, les enfants de la maisonnée cognèrent à leur porte.

— Debout tout le monde, c'est l'heure de la messe.

Ouf, réveil assez brutal! Arrivées au temple, elles se sont retrouvées avec le groupe des enfants à découper des grenouilles en carton pour illustrer les versets des psaumes. Et, pour couronner le tout, le prêtre chantait des chansons à répondre... sur Jésus. Un beau p'tit rigodon religieux. On a su plus tard que la ville d'Abbotsford est surnommée la «Bible Belt», on y retrouve une église à toutes les cinq rues.

Pour le repas du soir, la mère leur annonça qu'elle allait leur servir du pâté chinois. Yé! Les filles ne seront pas trop dépaysées. Steak, blé d'Inde, patates... mais séparés dans l'assiette. Évitons les contacts rapprochés pour éloigner les péchés.

Durant la journée, plusieurs ateliers nous étaient offerts: présence sur scène, voix, maquillage, costumes, jeux clownesques, jonglerie, improvisations, masques, marionnettes géantes. Nos journées bien remplies, nous rentrions souper dans nos familles, et le soir, place au spectacle! La première pièce présentée lors du Festival comprenait des décors grandioses, des gros échafaudages de construction. Nos jeunes ont commencé à avoir des sueurs froides et des doutes sur leur pièce. Le décor de *Blanche-Neige et les sept nains* comprenait seulement sept petits bancs de camping, puis sept oreillers et sept serviettes de plage représentant leur lit. Toute l'ambiance féérique et magique était créée par la musique et les jeux de lumière.

Quand la musique a commencé «Hi oh, hi oh, je reviens du boulot...», les gens se mirent à taper des mains. Nos nains étaient tellement heureux qu'ils ont oublié de transporter Blanche-Neige dans la forêt. Ils revinrent la chercher, un tenait les pieds, l'autre la tête, marchant sur le voile de sa robe, sur ses cheveux. Elle était supposée être morte et on l'entendait crier: «Outch, ayoye, outch, laissez-moi donc là.»

La pièce se divisait en trois parties. Nous présentions le conte de la façon traditionnelle, soit à la Stanislavski, jeu, costumes et décors réalistes, enfin presque.

Ensuite, nous poursuivions à la Artaud, instigateur du théâtre de la cruauté. Le même conte était joué sans paroles, avec seulement une bande sonore bizarre et lugubre à l'appui, et des jeux de lumières, des onomatopées. Les comédiens interprétaient leur rôle de façon dramatique et en exagérant. La pomme offerte par la méchante Reine à Blanche-Neige était un immense ballon rouge d'environ trois mètres de diamètre. Lorsque les nains arrivaient sur la scène, tous vêtus de noir, tout ce que l'on voyait était leurs mains et leurs chapeaux blancs qui sautillaient en suivant la musique. Nous avions utilisé le *black light*, une lumière où on voit sur scène seulement les objets blancs ou de couleur fluo.

Pour la dernière partie, l'histoire était racontée à la Brecht. Ce dramaturge a créé le théâtre épique. L'acteur présente son personnage sans se confondre avec lui. Il invite le spectateur à porter un regard critique. Les sept nains arrivèrent sur scène en dansant le rap et habillé en motards, avec jeans, vestes de cuir et chaines. Les noms étaient changés. Nainbécile pour Simplet, Nainsomniaque pour Dormeur, Nainpuissant pour Grincheux, Naintellectuel pour le Prof, Naintoxiqué ou Sniffeux pour les intimes (il sniffait de la coke) pour Atchoum, Nainphomane pour Joyeux, il était gai, et Nainsécure pour Timide et parfois il se transformait en Nainvisible. Blanche-Neige portait une mini-jupe et un haut avec décolleté un peu plongeant. Le Prince charmant arrivait de l'arrière de la salle sur la musique d'Indiana Jones, agrémenté d'un chapeau de cow-boy et jouant avec son lasso. Malgré les beaux yeux et le strip-tease de Blanche-Neige, il termina la pièce en préférant le nain gai, le Nainphomane. Le Naintellectuel, quant à lui, se sauva avec la méchante Reine. Un autre comédien qui jouait le rôle d'un spectateur cherchant son siège buvait de la bière et devenait de plus en plus saoul à mesure que la pièce avançait. Il partit faire le party avec la narratrice. Blanche-Neige s'en alla à la pêche avec le chasseur pour voir la grosseur de son poisson. La pièce était assez avant-gardiste pour ces années-là. On parlait d'homosexualité, de sexe, de drogue, d'alcool, de fausse couche et, de plus, elle était interprétée par des jeunes de 13-16 ans. Disons que nous avons choqué certains puritains. Malgré tout, ce soir-là, une fois la pièce terminée, près de 700 personnes provenant de 10 provinces canadiennes se sont levées d'un seul bond pour applaudir cette belle performance.

Après une semaine d'apprentissage, grâce aux ateliers variés et aux fabuleux spectacles, nos jeunes retournèrent dans leur province. Dans l'autobus du retour, tout le monde s'est mis à chanter «Ce n'est qu'un au revoir...» Même nous, les adultes, avions des frissons. Nous n'osions pas nous retourner pour regarder les jeunes, de peur de les accompagner dans leur concert de reniflements.

Je suis revenue très fière de ma troupe. Les répétitions avaient débuté dans mon sous-sol à Saint-Eustache et se sont terminées dans une salle grandiose à une heure de Vancouver. Sept nains et sept petits bancs de camping ont réussi à faire lever une salle remplie d'anglophones.

Les critiques ont été dithyrambiques. Une journaliste a mentionné que ça faisait longtemps qu'elle n'avait pas ri aux larmes comme ça. Un autre a déclaré: «C'était génial d'avoir adapté ce conte de trois façons. La scène ressemblait à une fête. On avait invité le public à notre fête et les gens avaient embarqué dans notre fête.» Bon, il manquait un peu de vocabulaire, mais retenez le mot *fête* et vous aurez un bon résumé. ☺

Notre costumière a ajouté: «Comme dans toute recette, ça prend pas juste de bons ingrédients, il faut avoir le tour de les mélanger. Bravo au "CHEF", Louise, pour cette magnifique pièce montée.»

«The show must go on»

Au printemps 1993, je caresse deux rêves: celui d'avoir un enfant et, au niveau professionnel, présenter un spectacle à la Place des Arts (PDA). Je dirige mon école de théâtre depuis 10 ans et je souhaite célébrer cet événement dans la salle la plus prestigieuse de Montréal.

Rien de plus simple: pour mon premier objectif, on s'exerce soir et matin; pour le second, je prends le téléphone et je réserve la salle Maisonneuve de la PDA. On m'offre la date du 17 avril 1994, un dimanche. Je tiens à souligner la journée, car les techniciens sont payés temps et demi le dimanche. Le coût de la salle pour la journée: 2 000 $. Ce prix est fixé pour une salle VIDE, sans les éclairages, techniciens, décors, costumes...

Je m'en suis sortie pour la mirifique somme de 26 000 $. Heureusement avec la vente des billets, les dépenses ont égalé les revenus.

En septembre, j'annonce la bonne nouvelle à mes professeurs et à mes 250 élèves âgés entre 5 et 58 ans. Le projet est accueilli avec enthousiasme. Je possède trois succursales: Saint-Eustache, Sainte-Thérèse et Fabreville. La préparation s'amorce: choix des textes, des décors, des costumes, de la musique, des chansons, des danses... Ensuite vient la recherche des commanditaires pour notre dépliant. L'entreprise qui nous a donné le plus d'argent était une maison funéraire à Rosemère. Sa contribution lui a permis d'afficher sa publicité pleine page à l'endos de notre dépliant. Un Gala 10e anniversaire intitulé «Bonheur autour du monde», avec une annonce de salon mortuaire au verso! Bon, il y a des choses plus graves que cela dans la vie: la mort, c'est le cas de le dire.

L'euphorie s'installe dans notre petite communauté, on ressemble aux membres d'une fourmilière travaillant à la sueur de leur front... euh.. de leurs pattes.

Je suis de plus en plus fatiguée, c'est normal avec toute cette responsabilité et pression sur les épaules. Je consulte un médecin en espérant qu'il me donne un supplément énergétique ou une pilule miracle. J'ai reçu sa prescription de vitamines pour la bonne raison que j'étais enceinte. YÉ! YÉ! WOW! WOW!... WO! WO! Je dois accoucher à la mi-mai, soit un mois après le spectacle. Je suis exténuée seulement en vous relatant cette expérience.

Je me vois forcée de déléguer un peu plus, je suis dans ma bulle de femme enceinte et j'aurais bien le goût d'y rester. J'ai juste le goût de me prendre en douceur. Les élèves désirent une prestation plus longue, donc on ajoute du texte; ils veulent de beaux vêtements, on loue alors des costumes aux prix exorbitants; ils veulent une comédie musicale, j'engage un professeur pour les chorégraphies et des chanteurs pour les accompagner. Rien de trop beau pour la classe ouvrière. Après tout, c'est le Gala 10e anniversaire à la Place des Arts. Étant dans mon monde intérieur, j'acquiesce à toutes demandes. La vie est belle!

Le grand jour s'annonce plutôt pluvieux. Le groupe arrive à la salle à 8 heures le matin, décoiffé, les vêtements mouillés. Cent vingt-cinq enfants, adolescents et adultes s'agglutinent derrière les décors, en plus... ah oui, j'ai oublié de vous le dire: une chorale de 50 enfants s'ajoute à cette foule. Cette journée-là, deux spectacles se préparent avec des acteurs différents. Une représentation est prévue à 14 heures et l'autre, à 19 heures. Des parents bénévoles doivent surveiller les enfants dans les loges. Mon assistante à la mise en scène explique les derniers préparatifs aux éclairagistes, aux techniciens et au régisseur de plateau. Autre chose que je ne vous ai pas encore révélée: nous n'avons pas pu faire de RÉPÉTITION, l'enfer.

Je suis dans la salle avec mon conjoint et ma famille. Il n'est pas question que je m'installe avec les acteurs derrière la scène, ordre de mes professeurs. Frustrée, inquiète et enceinte de huit mois, je ne tiens pas en place sur ma chaise.

Ils viennent quand même me chercher à deux reprises. Des petits de cinq ans ne veulent plus entrer sur la scène, je réussis à les motiver. Ensuite, des plus grands se chamaillent dans les loges. Je ne sais pas s'ils ont eu peur que j'accouche dans les coulisses mais ils ont cessé leur chicane. L'attente est longue; une autre réalité non divulguée: chaque spectacle dure quatre heures. Pauvres petits, pauvre public. Ne vous ai-je pas dit que j'étais dans ma bulle et que, pour une première fois de ma vie, j'avais délégué?

Pour la finale, je commence seule devant la scène à interpréter la magnifique chanson «C'est beau, le monde, c'est beau, la terre...» Le rideau s'ouvre lentement pour nous dévoiler 175 artistes, tous de blanc vêtus, qui fredonnent «C'est beau, le monde, c'est beau, la terre, et dire qu'on peut passer sa vie sans le savoir...» Moi devant, avec mon gros ventre, et tous ces petits et grands qui forment une demi-lune et m'entourent avec amour. Tout le monde pleure dans la salle. Mon conjoint est prêt à téléphoner au 9-1-1 de peur que j'accouche sur la scène. Ce fut un souvenir inoubliable.

Attendez une minute, le rideau ne se ferme pas comme ça, il y a un deuxième spectacle à présenter. OUF! Comment ai-je fait? *The show must go on.*

Ne vous inquiétez pas: mon fils a vu le jour comme prévu, soit le 25 mai, en santé, content et souriant. Il ne chante pas, mais il est membre UDA* et il aime beaucoup faire des publicités et désire devenir océanographe. ☺

La crème épilatoire

Une comédienne de 22 ans, remplie de bonnes intentions, décide un bon matin de donner du sang à la Croix- Rouge. C'est la première fois et elle se sent un peu nerveuse. Elle complète le formulaire, puis s'allonge sur la chaise. Elle n'ose pas regarder l'aiguille qui pénètre dans son bras. Elle pense aux vies qu'elle pourra sauver. Mais sa vie à elle glisse lentement dans les limbes. Elle voit des étoiles. Une infirmière lui place rapidement une serviette d'eau froide sur le front. Elle se réanime doucement. On lui conseille de rester allongée. Excellente idée, se dit-elle, de toute façon, je ne pourrai pas courir le marathon.

Pour retrouver ses forces, elle boit un café et mange leur fameux beigne. Ce n'est pas la nourriture la plus saine en ville! Elle retourne calmement chez elle.

La lumière de son répondeur clignote. C'est son agence de mannequin, Constance Brown (les agences de casting* pour comédiens n'existaient pas à l'époque au Québec) qui lui demande d'aller à une audition* à 15 heures... la journée même. Un *rush* du client*, il veut voir 10 filles en maillot de bain pour une annonce de bière. Oh non, son client est sûrement un homme et il n'a pas pensé qu'une fille doit se préparer longuement avant d'aller en audition. Elle doit se faire un *brushing*, se maquiller, se rendre présentable, quoi! En plus, en maillot de bain!

— Ah non, mes jambes ne sont pas épilées!

Elle se prépare rapidement et décide d'apporter la crème épilatoire dans l'auto. Vous auriez dû la voir, à chaque feu rouge, étendre la crème sur ses jambes. Quelques minutes de route, puis elle passe la débarbouillette humide au prochain arrêt. Quelques minutes encore de route, puis c'est au tour de la crème hydratante. Enfin arrivée saine et sauve, elle passe l'audition avec ses belles jambes toutes lisses. Elle fait de beaux sourires, verse la bière dans un verre sans trembler. C'est toute une technique, le collet de ce beau liquide couleur ambre doit être ni trop mince ni trop épais. Elle doit se concentrer sur ses talents de serveuse, elle qui n'a jamais fait cela de sa vie. En même temps, elle doit dire son texte. Ça semble facile, me direz-vous, mais c'est tout un défi, sachant ce qu'elle a vécu depuis le début de sa journée qui s'est déroulée de façon rocambolesque. Une gamme d'émotions variées s'empare d'elle. Elle passe de la frustration d'avoir été appelée à la dernière minute à l'anxiété de la préparation rapide à mettre tous ses atouts en valeur, puis elle vit le stress final de l'audition.

Heureusement, tous ses efforts ont été récompensés. Le tout se termine dans la satisfaction et la joie, car elle obtient la fameuse publicité de bière. Je m'en souviens très bien, car cette jeune fille... c'était moi.

Transmission manuelle

Par un beau jeudi du mois de juillet, je reçois un appel de l'agente de casting. Comme les agents d'artistes n'existaient pas encore au Québec, les agents de casting téléphonaient directement aux comédiens. Cette dame me demande si je sais conduire une auto.

— Oui, je détiens mon permis depuis deux ans.

— Est-ce que tu sais conduire une auto à transmission manuelle?

— Euh... oui... bien sûr, c'est pour quel projet?

— Une publicité pour des suppléments de vitamines en ampoules.

— Est-ce que je dois en boire?

Je pensais: J'espère que non, c'est tellement mauvais, ces produits-là.

— Non, ce n'est pas nécessaire, tu es assise dans un véhicule et tu dois conduire.

— L'audition est pour quand?

— Demain.

Je note l'adresse et l'heure, et je raccroche.

Le lendemain, dans le Vieux-Montréal, je finis par trouver un endroit pour stationner ma vieille Valiant 1965, automatique.

On m'accueille chaleureusement dans la salle d'audition. On prend une photo, puis on me filme. Je réponds aux questions usuelles: nom, âge, expérience...

— Savez-vous conduire une voiture à transmission manuelle?

— Oui, déjà je conduisais le tracteur de mon oncle à l'adolescence.

— Donc, les gros véhicules ne vous font pas peur?

— Pas du tout.

— Parfait, on vous donne une réponse sous peu.

Trois minutes plus tard, je suis déjà sur le trottoir. Je ressens peu d'espoir pour l'obtention du rôle. À la fin de la journée, je reçois un appel de l'agente de casting pour m'informer que j'ai passé le test et que je tourne lundi.

— Yé!!!... Merci!

OH! NON! LUNDI, LUNDI... Mais il y a juste un petit problème... je ne sais pas conduire un véhicule à transmission manuelle. Elle ne le sait pas et personne ne le sait. On est vendredi, il me reste deux jours pour apprendre. Je téléphone à un ami et lui demande un grand service, soit de me donner des cours de conduite manuelle... demain.

— C'est quoi ton problème? Pourquoi l'urgence? Est-ce que tu dois participer à une compétition?

Je lui avais déjà dit que j'avais été concurrente pour un concours de Miss Sanair. Il devait s'imaginer que les hôtesses et la Miss devaient faire une course automobile pour un événement spécial.

— Je t'expliquerai demain.

À 8 heures précises, nous nous rencontrons dans un centre commercial de la place Longueuil. Aucune âme qui vive à cette heure-là. Heureusement pour elles. Il me donne les clés et je me glisse dans la PACER, cet habitacle orange qui ressemble à un aquarium. J'espère être comme un poisson dans l'eau dans mon initiation à la conduite manuelle. Je demande à mon ami instructeur:

— À quoi servent toutes ces pédales?

François m'explique les procédures pour me rendre à bon port, soit à côté de la poubelle pour ne pas dire «dans» la poubelle de la rangée numéro 14. Après plusieurs mouvements saccadés, je me rends jusqu'au lampadaire de la rangée 15. Ouf, l'apprentissage est plus ardu que je le croyais. Très généreux et patient, mon compagnon d'infortune me fixe un autre rendez-vous pour le lendemain matin.

Le jour de tournage, le grand jour fatidique, arrive. Que vois-je? Un grand véhicule orange, encore! Décidément, c'est ma couleur fétiche. Ce moyen de transport orangé s'avère être un autobus scolaire. Et devinez qui doit conduire cet engin? La pro de la transmission manuelle: moi-même. J'espère qu'il n'y aura pas des petits garnements à l'intérieur. Non, la loi l'interdit, je dois avoir un permis spécial. Donc, pour les prises de vue avec les enfants, ce sera un vrai conducteur d'autobus qui prendra la relève. Je suis presque soulagée.

Dans la publicité, j'interprète une jolie jeune femme. Oui, je peux bien l'écrire: jolie conductrice, exténuée de sa journée, après avoir supporté ces adorables petits monstres. Dans ce rôle, on la voit, dans un premier temps, la mine défaite, blême, «la broue dans le toupet». Puis, après une semaine de la prise de ses ampoules magiques, elle conduit sa marmaille, détendue, épanouie, réjouie, le sourire aux lèvres. Un peu plus et on croirait qu'elle vient de vivre une nuit d'ivresse et d'extase avec son prince charmant.

— Ça roule... 3-2-1, action, crie le réalisateur*.

Une petite voix dans ma tête m'encourage: Louise concentre-toi, relaxe... c'est quelle pédale déjà?

— On tourne, vas-y, tu peux avancer.

— Oui, oui.

J'ai les mains moites, je suis figée.

— On tourne, Louise, roule, ROULE.

Je dois bouger, sinon il va penser que je suis sourde. Alors, très lentement j'avance.

— Peux-tu aller un peu plus vite?

— Oui... oui.

Je roule plus rapidement et encore, et encore plus vite... oh là, là, vite la pédale de frein.

— Coupez!

Je veux couper, je veux couper. La pédale, la pédale... dans l'énervement mes réflexes sont mêlés. J'accélère de plus en plus, oh non, encore une poubelle. Je trouve la pédale de frein, je pèse profondément, et le réalisateur et sa caméra rentrent profondément dans la fenêtre. ONH!!!!!

Tout ce que j'ai pu répondre, c'est:

— Un autobus, ça ne se conduit pas de la même façon qu'un tracteur n'est-ce pas?

On a poursuivi le tournage, moi dans l'autobus, mais avec le vrai chauffeur au volant.

J'avais omis de leur dire, à l'audition, que mon expérience de conduite manuelle s'était arrêtée à huit ans alors que je riais aux éclats, assise sur les genoux de mon oncle, au volant de son tracteur. Oups...

Questions quotidiennes

Je compare gentiment les parents d'enfants-acteurs à ceux qui suivent leur progéniture au hockey. C'est comme si c'était la fin du monde advenant que leur enfant ne gagne pas la partie. Ils voient en eux de futurs athlètes millionnaires. Je vous présente aujourd'hui des questions auxquelles j'ai dû répondre des centaines de fois. Centaines? J'exagère... des milliers de fois! Mais n'ayez crainte, c'est toujours avec un grand plaisir que je répondais.

— Agence Louise Hébert, bonjour.

— Allo, Louise, pourquoi as-tu téléphoné hier? Ma grand-mère a pris le message, mais elle ne s'en rappelle plus, elle souffre d'Alzheimer.

— Allo, Louise, c'est à quelle heure l'audition déjà?

— Est-ce que je peux aller à l'audition plus tôt?

— Est-ce que je peux me rendre plus tard?

— Doit-il porter sa chemise à carreaux ou celle lignée?

— Doit-elle mettre sa robe à fleurs ou sa jupe en jeans?

— Faut-il que je lui fasse des tresses ou une queue de cheval?

— Dois-je lui mettre du gel dans les cheveux?

— Ma fille a la migraine, qu'est-ce que je fais?

— Mon fils a un rhume, doit-il aller à l'audition quand même?

— Il fait 106 de fièvre.

— Il a un œil au beurre noir.

— Il vient de vomir dans l'auto, j'dois-tu retourner de bord?

— On va être en retard là, y'a plein de trafic.

— Ma femme est en train d'accoucher, j'ai-tu l'temps d'aller à l'audition?

— Ma femme a tout dépensé l'argent de mon fils au casino, j'fais quoi là?

— J'ai pas reçu mes billets d'avion et on part demain pour faire une publicité à Toronto, est-ce que c'est normal?

— Mon chien tourne une pub sur un quai, mais il ne sait pas nager, est-ce que c'est dangereux?

— Louise, j'veux pas montrer mon pénis sur grand écran.

— Louise, j'veux pas montrer mes seins à la télé.

Finalement, il est 20 heures.

Dring, dring...

— Allo, Louise, c'est maman, comment vas-tu?

— Moi?... ça va,... ça va MERVEILLEUSEMENT bien!!!

— Tu es certaine?

— Oui, d'après mes calculs je vais mourir à 108 ans.

— Comment ça?

— J'ai 54 ans et je suis déjà à moitié morte.

Et c'est seulement le début, vous n'avez pas tout lu...

Attendez la suite.

2.

État d'âme d'un acteur
de 7 à 27 ans

Avant d'entrer dans le vif du sujet et de vous relater les diverses anecdotes vécues par mes artistes, j'aimerais partager avec vous ce moment intime. J'ai cru bon rapporter les propos qu'un acteur m'a confiés. Ce jeune homme m'a raconté des faits qui ont marqué sa carrière sur une période de 20 ans. Vous serez témoin de la réalité du métier d'acteur à travers les âges: l'enfance, l'adolescence, l'adulte. Je crois que toutes les émotions existantes dans le dictionnaire interviennent à tour de rôle tout au long de son parcours. Il vous ouvre généreusement un pan de sa vie de comédien. Puisque tous mes récits sont racontés sous des noms fictifs, cet artiste se livrera également de façon anonyme.

☺

Petit garçon, j'imite les personnages de mes dessins animés préférés que je regarde avec plaisir, à la télévision, le samedi matin. Je mémorise facilement les annonces publicitaires et je fais «mon show», comme on dit, devant «la visite». Ma mère découvre en moi un certain potentiel et m'inscrit dans une agence d'artistes: l'Agence Louise Hébert (qui se nomme maintenant Agence HM.

J'obtiens mon premier rôle dans une publicité à sept ans. Je suis très heureux: je ne suis plus imitateur mais acteur. Dans ma petite tête d'enfant, je ne travaille pas: je joue, je m'amuse. Je n'obtiens pas toujours les rôles. Je me console rapidement en me disant: «Ce sera pour une autre fois.» Puis, j'oublie et je passe à autre chose. Avec l'âge on ne pense plus toujours ainsi, malheureusement.

Parfois, nous sommes une trentaine d'enfants qui convoitent le même rôle pour une publicité. Le fait d'être choisi n'est pas toujours en relation avec le talent. Cela dépend de l'énergie, du charisme que l'on dégage. Ne sommes-nous pas des vendeurs de produits? Parfois le réalisateur cherche à recréer une famille, donc la question de ressemblance entre les acteurs est importante. Mais, entre vous et moi, un frère blond peut cohabiter avec une sœur brune dans une même famille, n'est-ce pas?

J'apprécie tous les volets de ce métier: les répétitions, les tournages et l'après-tournage. Pour la promotion d'un film, je me suis promené en avion avec l'équipe de production. On se rendait dans plusieurs villes du Québec. Je participais à diverses entrevues à la radio ou à la télévision. Je dormais dans différents hôtels chaque soir. C'était la fête! Pour cette fois-là, mes parents avaient décidé de ne pas m'accompagner. Ils me faisaient confiance. On avait désigné un membre de l'équipe comme tuteur.

J'ai assez de facilité à concilier mes études avec ma carrière. Il faut dire que mes notes sont bonnes et que j'ai la chance de comprendre et d'apprendre rapidement. On me suggère de ne pas parler de mes rôles à l'école afin de ne pas susciter la jalousie ou l'envie de mes camarades. Si on me questionne, je leur réponds gentiment, mais je passe rapidement à un autre sujet. Mon primaire se déroule aisément sans la moindre anicroche.

L'arrivée au secondaire m'apparait plus ardue. Une nouvelle école, de nouveaux amis, les changements d'hormones, m'amènent à me poser de sérieuses questions: «Qui suis-je? Où vais-je? Je m'arrête ou je continue?»

J'aime encore mon métier, mais je sens plus de pression. Elle est occasionnée par moi-même, je veux tout réussir, coûte que coûte. Je dois être parfait, ne pas faire de faux pas, je me sens aux aguets, je ne peux plus passer inaperçu. Je suis de plus en plus connu. J'envie presque certains de mes amis acteurs qui font l'école à la maison. J'ai l'impression de ne faire partie d'aucun groupe. Je ne sais plus comment me comporter. J'ai souvent l'impression de marcher sur des œufs. Dans les écoles de théâtre, on nous enseigne comment jouer, comment devenir un meilleur acteur, mais je n'ai pas appris la psychologie du comportement dans mon rôle «d'ado-vedette».

Un jour, des étudiants tapissent mon casier EN ENTIER de coupures de journaux qui me représentent. J'ai deux options: soit de me fâcher et de prendre ce fait comme un acte de vandalisme, soit de rire de cette plaisanterie farfelue, qui n'est pas méchante, somme toute. J'opte pour la deuxième. Bonne attitude, je fais ainsi partie de la «gang». Je dois avouer que j'aurais préféré ne pas mêler école et travail. Si un garçon travaille à la rôtisserie St-Hubert, va-t-on coller sur son casier des photos de poulet, de frites et de salade de chou?

Avec la venue des réseaux sociaux de plus en plus populaires, je dois me façonner une carapace. Je suis toujours ouvert aux critiques constructives, mais parfois certains commentaires acerbes et malsains, et de plus anonymes, peuvent me blesser grandement. J'apprends à vivre avec ces situations désagréables. Mon agente me dit: «Sur terre, il y aura toujours des gens pour chercher la petite bête noire au lieu de glorifier tes bons coups, ne t'en fais pas avec ça. Tu as du potentiel, tu connais ta valeur, ignore-les.»

Mes parents m'encouragent et me soutiennent. Ce n'est pas toujours facile pour eux de jouer le rôle de parents d'un enfant-vedette. Ils doivent être très disponibles.

L'été de mes 15 ans, autour du 7 juillet, je passe une audition pour un premier rôle dans une télésérie. Lors de l'entrevue, on mentionne que le tournage débutera fin juillet. Donc, tout est parfait, nous pouvons partir le lendemain pour nos vacances annuelles en famille à Virginia Beach. La route est longue, plus de 26 heures en voiture, mais la vue de la mer apaise notre fatigue. Deux jours après notre arrivée, ma mère reçoit un appel sur son cellulaire de mon agente.

— Je sais que vous êtes en vacances, mais je viens de recevoir un message de la production. J'ai une bonne nouvelle, Thomas a obtenu le rôle.

La mère explose de joie :

— Je suis tellement contente, Thomas va enfin réaliser son rêve, jouer un premier rôle dans une quotidienne.

— Il y a juste un petit pépin, la production veut absolument voir Thomas jeudi pour une lecture et une première répétition avec les autres comédiens. J'ai eu beau expliquer que vous étiez à 26 heures de route, mais la responsable a mentionné que, s'il ne se présentait pas jeudi, il n'obtiendrait pas le rôle. Je dois avouer que je suis abasourdie et attristée par leur incompréhension et leur manque d'humanisme. C'est à vous de prendre la décision, il pourra obtenir d'autres rôles plus tard. La famille, c'est important.

Finalement, après une courte discussion, mon père a repris la route pour Montréal, laissant ma sœur et ma mère aux États-Unis. Je suis allé à la répétition. Nous avons repris la route deux jours plus tard afin de poursuive nos vacances. Je remercie encore mon père pour sa grande disponibilité et générosité.

Heureusement tous ses efforts ont porté fruit: j'ai fait partie de cette merveilleuse série durant cinq ans.

Ce métier ne convient pas à tout le monde. Vous verrez à la fin du livre les qualités requises et les points importants à se souvenir afin de devenir un meilleur acteur. Mais je retiens un aspect considérable. Il faut savoir garder le focus lorsqu'on joue et même entre les prises, être présent à 100 %.

Durant un enregistrement d'une série jeunesse, je me rappelle un ado de 13 ans qui était très énervé et bruyant sur le plateau de tournage, il parlait sans arrêt, il dérangeait tout le monde; j'ai su plus tard qu'il n'avait pas pris ses pilules pour l'aider à la concentration, soit son *Ritalin*. Dans l'après-midi, il était amorphe, dans la lune, il ne comprenait pas les consignes de l'assistant-réalisateur; il avait trop pris de *Ritalin*. À la fin de la journée, j'ai entendu le père dire au responsable que son fils essayait un nouveau médicament et qu'il était en période d'ajustement.

Il est parfois préférable d'attendre le bon moment avant d'accepter un contrat. Heureusement, de mon côté, je possède une excellente santé autant physique que psychologique. J'ai passé à travers mon adolescence sans anicroche.

Devenu jeune adulte, je continue d'exercer ma carrière de comédien. Je dois avoir la passion, faut croire! Je ne me vois pas travailler dans un autre domaine. Je vibre sur scène et sur les plateaux de tournage autant au cinéma qu'à la télévision.

Toutefois, je ne m'habitue pas à l'attente d'une réponse après avoir passé une audition. Cela me fait penser aux premières rencontres amoureuses: je ressens un serrement dans la poitrine lorsque le téléphone sonne, je suis anxieux. Est-ce une bonne nouvelle qu'on m'annonce?

Également, je me sens intimidé dans un lieu public. Je ne sais toujours pas comment me comporter. Si je marche la tête haute et que je parle à tout le monde, j'entends parfois dire:

«Bon, il se prend pour qui, celui-là? Regarde la vedette!» Et si je fais comme si de rien n'était en essayant de passer inaperçu, on chuchote: «Bon, il parle à personne, il est donc bien snob.»

Lorsque je fais mon épicerie, je me sens jugé. Je n'ose pas mettre un sac de chips et des barres de chocolat dans mon chariot, de peur que les gens colportent: «On sait bien, il a bien pu engraisser dernièrement, regarde comment il se nourrit.»

Au restaurant, je vis la même situation. On analyse tous mes faits et gestes. Ce n'est pas facile d'être en tête-à-tête avec mon amoureuse. Je sens les regards sur nous, j'entends les chuchotements. Certains osent venir me demander un autographe, c'est gentil, je l'apprécie, mais chaque chose en son temps. Cela prend énormément d'amour, de patience et de compréhension de la part du conjoint d'une personne connue. Nous taisons trop souvent ce point si important.

Parfois, on me demande si j'obtiens certaines faveurs parce que je suis connu. Je dois avouer un événement qui s'est déroulé à l'hôpital. Je devais subir une petite intervention d'un jour, une opération chirurgicale à un genou, j'étais dans une salle d'attente et je souffrais terriblement. J'ai été envahi de questions par plusieurs personnes présentes. On me demandait des informations sur mon personnage de l'heure, on désirait que je signe un autographe sur leur plâtre ou sur un bout de leur jaquette en papier. Croyez-vous que c'est une offense si l'infirmière m'a offert de passer à l'abri dans une autre salle et finalement de passer avant ces gens? J'étais mal à l'aise, mais en même temps soulagé.

À 27 ans, après 20 ans de carrière, je suis toujours aussi passionné, j'aime ma vie, malgré les hauts et les bas de mon métier. À chaque jour j'ai un nouveau défi à relever. J'ai la chance, comparativement à un employé de bureau, de ne pas toujours travailler avec les mêmes personnes. Je me lève le matin et je suis curieux de connaitre les projets variés dénichés par mon agente, les nouvelles auditions, les tournages intéressants à réaliser.

On me demande parfois comment je procède pour choisir un projet plutôt qu'un autre. Dans une entrevue, j'ai déjà entendu un acteur dire qu'il fallait trois règles avant d'accepter une proposition. La première règle est de gagner sa vie, faire de l'argent; la deuxième est d'avoir du plaisir, de s'amuser en travaillant; et la troisième est d'apprendre, d'évoluer. Si deux de ces règles sont respectées, alors il acceptait le projet. Je mets en pratique ces précieux conseils et j'en sors toujours gagnant. Pour moi, le métier d'acteur reste encore le plus beau métier du monde.

PRÉCIEUX CONSEILS

Respectez vos valeurs et votre profil de personnalité.

Ce ne sont pas tous les acteurs qui réussissent leur parcours sans trop d'embûches. Certains deviennent dépressifs et sombrent dans la drogue et l'alcool, ils peuvent même aller jusqu'à s'enlever la vie afin de fuir leur malaise intérieur.

Si vous sentez que quelque chose cloche, identifiez tout de suite ce qui ne va pas et remédiez-y immédiatement. Par exemple, une personne qui se sent mal à l'aise et timide lorsqu'elle se fait reconnaître dans la rue sera malheureuse. Si elle désire absolument poursuivre cette carrière, soit elle s'adapte, soit elle fait du doublage* (au moins son visage demeure inconnu), soit elle quitte le métier.

Il est donc important de déterminer vos valeurs, vos intérêts, vos aptitudes et ce que vous êtes prêt à accepter. Cela reste valable dans toutes les professions.

———————

3.

Anecdotes sur les évaluations et les auditions

*Qui est la plus fière,
la mère ou la fille?*

En tant qu'agente d'artistes, je reçois plusieurs demandes par jour de la part des parents dont leur seul espoir est de voir la frimousse de leur enfant à la télévision ou au cinéma. Voici un exemple de courriel reçu:

> *Je souhaite permettre à ma fille d'explorer divers moyens artistiques d'expressions. Elle adore être devant la caméra et s'illumine lorsqu'elle fait ses spectacles improvisés. C'est une naturelle qui est très charismatique, elle ne laisse personne indifférente sur son passage. Intelligente et très articulée pour son jeune âge (3 ans). Laissez-lui une chance d'explorer son talent naturel.*

Ce genre de discours trop élogieux à l'égard de son enfant me laisse impassible. Un parent n'a pas besoin de me raconter les mille exploits de son protégé, car j'ouvre la porte à tous les candidats potentiels. Sait-on jamais? Une perle rare peut se cacher derrière.

Dans ce cas-ci, je n'ai pas rencontré l'enfant, car pour les jeunes de trois ans et moins, les réalisateurs choisissent surtout des jumeaux. Les journées de tournage sont parfois très longues. Et le règlement de l'Union des artistes restreint les heures travaillées pour les jeunes en bas âge.

Voici un appel d'une autre maman fière comme un paon.

— Bonjour, j'aimerais inscrire ma fille de 6 ans à votre agence d'artistes. Elle est très belle, une belle petite blonde frisée aux yeux bleus.

La couleur des cheveux et des yeux ne sont pas des critères de sélection. Dans un premier temps, c'est le talent qui prime. De plus, nous vivons au Québec et, dans les publicités, les châtaines reflètent plus la réalité de notre province. Je continue d'être à l'écoute de son monologue.

— Elle suit des cours de théâtre, elle a gagné un premier prix d'interprétation à son école.

Dans le métier, il est connu que les meilleures en théâtre ne sont pas obligatoirement les meilleures en télé; ce n'est pas la même technique du tout.

— Cela fait quatre ans qu'elle fait de la danse. Elle joue du xylophone et elle commence des cours de violon cette année. En plus, elle fait du *cheerleading*, du chant, du ski, de la natation, des défilés de mode.

ALOUETTE! Un chausson aux pommes avec ça?

— Ah, au Club Med, elle est montée sur scène devant 200 personnes et elle a chanté: «Haut les mains, haut les mains». Elle était tellement mignonne, tout le monde l'a applaudie. Elle a aussi joué dans un téléroman quand elle avait trois mois, ça compte-tu comme expérience? Elle a participé à des séances de photos dans un magazine, mais on voyait juste ses yeux, ça compte-tu? Ah oui, elle a gagné *Hawaïen Tropic*, ça compte-tu? Puis un concours de chant à deux ans, ça compte-tu? Attendez, elle est dans la salle de bain, elle va vous interpréter une petite chanson.

— Chloé, c'est l'agente d'artistes, chante-lui ta petite chanson. Attendez, j'vous la passe, elle est dans la douche, sa voix est plus belle dans ce temps-là, ça sort mieux.

La fillette chante: «Ah, si j'étais un homme, je serais capitaine...» Ouf! Moi, si j'étais cette enfant-là, je me sauverais en courant.

PRÉCIEUX CONSEILS

Plusieurs parents sont convaincus d'avoir conçu un jeune prodige. On ne trouve pas des Mozart à tous les coins de rue. Il ne sert à rien de faire l'éloge de votre enfant. Nous évaluons tous les candidats avec ou sans expérience. Laissez le soin aux agents professionnels d'évaluer votre jeune.

Tout un cirque dans la maison de Louise

Une fois ou deux par année, j'évalue en petits groupes des enfants entre 5 et 15 ans. Je loue une salle et de jeunes acteurs potentiels se présentent pour se faire évaluer. Ils doivent mémoriser l'extrait d'un film ou d'une télésérie, ainsi que d'une publicité. Nous sommes trois juges et nous les notons sur divers critères: aisance, photogénie, diction, expression des émotions, gestuelle et improvisation. Nous gardons uniquement les meilleurs. Parfois, seulement une quinzaine de jeunes sont retenus à la fin de la journée sur une centaine de candidats. Lorsque la date d'évaluation est passée, il m'arrive de voir en privé quelques enfants chez moi.

Une journée, une mère et ses cinq enfants débarquent, je dis bien «débarquent». Elle a un bébé de 3 mois, un enfant de 2 ans, des jumeaux de 5 ans, et un ado de 14 ans. Tous des garçons. C'est l'hiver, elle doit enlever bottes et manteaux de tout ce beau monde, sauf l'ado, bien sûr, procédure d'une durée de 14 minutes environ. Je les installe confortablement dans mon salon avant de descendre au sous-sol avec les trois plus vieux. Habituellement, les parents laissent leurs enfants et reviennent les chercher après une heure. Mais là, j'avais pitié d'elle, c'était l'hiver et je l'ai autorisée à rester.

Elle me demande si elle peut changer la couche de son bébé.

— Oui, bien sûr.

Imaginez si j'avais dit non !

Celui de deux ans court autour de ma table de verre. Je lui demande d'arrêter, car il peut se blesser.

Elle me répond :

— Y a pas de danger, il est habitué, y faut bien qu'il se dégourdisse les jambes, on vient de faire une heure d'auto.

Ensuite les jumeaux de cinq ans commencent à s'obstiner pour prendre leur jus.

— Non, c'est le mien, à l'orange.

— Non, le tien, c'est celui au raisin.

— Oui.

— Non.

— Oui.

— Non.

Finalement, comme je l'avais imaginé... le jus se renverse par terre.

Cela fait une demi-heure qu'ils sont arrivés et je n'ai pas commencé à évaluer ses enfants. Je finis par me diriger au sous-sol et je leur demande d'interpréter leur texte. Les jumeaux laissent transparaitre un certain talent, mais ils se chamaillent. Leur comportement trop énergique m'épuise.

Exceptionnellement, je leur aurais donné une bonne dose de calmant. J'essaie d'être compréhensive envers ces pauvres petits restés inactifs durant le long trajet en voiture. L'ainé de 14 ans n'a pas été gâté par la nature; il est grassouillet et a des boutons d'acné. Son sourire dévoile un appareil dentaire communément appelé des «broches». Pour couronner le tout... il parle sur le bout de la langue. Après la récitation de son texte, car il ne jouait pas mais récitait, je découvre qu'il n'a pas de talent. J'essaie de lui trouver un point positif, mais je n'en trouve aucun. Je dois faire le compte rendu à la mère, oh là, là. Je monte très lentement les 12 marches d'escalier en réfléchissant à la façon la plus diplomate possible de lui transmettre mon évaluation sans trop la décevoir ni la blesser.

— Bon, eh bien... vos jumeaux, Archie et Ricky, sont très beaux, ils feraient une belle image à la caméra, mais dans des rôles silencieux. Ils ne sont pas prêts pour des rôles parlés. Ils bougent un peu trop...

Je me retiens pour ne pas lui dire qu'ils sont insupportables.

— Je ne suis pas certaine qu'ils aiment vraiment cela, je préfère qu'on attende un an.

En espérant qu'ils changent d'idée d'ici là.

Ouf! Elle acquiesce à mes commentaires et dit qu'elle va revenir l'an prochain. Oh non!

Je continue mon évaluation.

— Pour votre fils, Billie, il a des broches, c'est plus difficile de lui obtenir des rôles.

— Mais quoi! On en voit des jeunes avec des broches à la télé!

— Oui, mais c'est un cas sur 100 et, bien souvent, le jeune que vous voyez à la télé avec des broches avait obtenu le rôle avant sa nouvelle dentition. Les auteurs conservent le même comédien et réajustent le texte en fonction de cette nouveauté.

Et j'avais le goût d'ajouter: Pour une annonce de biscuits aux pépites de chocolat, je le vois mal manger son succulent biscuit et faire un grand sourire. J'aime mieux ne pas voir ça, et le public ne veut pas le voir non plus.

Je continue mon discours.

— Ah, et je ne sais pas si vous avez remarqué mais votre fils a un petit problème de diction, il parle sur le bout de la langue.

— Quoi, c'est *cute*. Vous ne trouvez pas que ça lui donne un certain charme?

Je commençais à être accablée de fatigue et démoralisée de ne pas avoir trouvé un seul candidat potentiel. À travers toute cette discussion, j'entendais le bébé pleurer, les jumeaux crier et cela a été plus fort que moi, je lui ai répondu:

— À 4 ans, c'est peut-être ben *cute* comme vous dites, mais à 14 ans, c'est pas *cute* pantoute.

Je lui ai suggéré d'aller voir un orthophoniste. Finalement, après 14 minutes de séance de «rhabillage», la mère quitte, déçue de la performance de ses enfants, Archie, Ricky, Billie, Danny et Willy. Bon, ça rime en titi.

Je ferme la porte, enfin... je respire.

Je respire...

Je respire...

Voyons donc, qu'est-ce que ça sent?...

La «marde».

La couche est sur le comptoir, j'ai les pieds collés dans le jus d'orange, la table est égratignée, les coussins sont par terre et des miettes de barres tendres s'étalent sur le divan.

Alléluia! Vive le métier d'agente d'artistes! Et comme chantait Emmanuelle: «Et c'est pas fini, non c'est pas fini...»

PRÉCIEUX CONSEILS

Lorsque vous emmenez vos enfants en audition, essayez de faire garder les plus jeunes. Vous éviterez ainsi bien des désagréments et, surtout, vous ne les ferez pas vivre aux autres.

Pour des problèmes de diction, je vous suggère fortement de consulter un orthophoniste. Cela épargnera bien des moqueries plus tard, même s'il ne fait pas carrière en tant que comédien.

Votre adolescent a des problèmes d'acné? Prenez rendez-vous avec un dermatologue avant de passer des auditions.

Pour le poids, je n'ai aucun problème avec cette morphologie. On voit dans les films une variété de style. Par contre, je dois être honnête et vous dire qu'il y a moins de rôle en publicité surtout pour les annonces en rapport avec la nourriture: restaurants, biscuits, gâteaux, céréales, barres tendres... Il est certain que, pour promouvoir son produit, le client préfère des personnes ayant un poids santé. Et de mon côté, je ne veux pas faire dépenser de l'argent aux parents inutilement. À l'âge adulte il y a peut-être plus de rôles offerts aux personnes aux formes plus rondes.

Le client indécis
ou totalement mêlé?

Une agente de casting me demande des garçons et des filles entre 8 et 14 ans, pour une publicité d'une grande chaine de magasin. L'étendue du groupe d'âge correspond à presque la totalité de mes jeunes sur mon site Web. Le client est indécis par rapport au sexe de l'enfant et ne semble pas savoir l'âge du jeune qui sera le porte-parole de son entreprise. Aucune spécification du personnage n'est donnée. Je ne peux tout de même pas lui suggérer mes 70 jeunes. Comme d'habitude, je me fie à mon instinct pour faire mes choix. Mon intuition me trompe rarement, c'est pourquoi on me nomme souvent la sorcière.

Je m'informe à savoir quand auront lieu les auditions.

— Pour demain.

Oui, c'est presque toujours à la dernière minute. Si le mot *rush* n'existait pas dans le dictionnaire, il faudrait l'inventer. ☺ Une autre journée intense s'annonce en perspective, en plus de tous les autres castings à faire. Afin d'ajouter au stress, nous n'avons pas reçu les textes, je m'en doutais. On ne changera pas le monde de la publicité!

Finalement, l'agente me donne des plages horaires pour six jeunes de mon agence. Je reçois le scénario à 17 heures 05. Heureusement, le texte est court: une phrase. Je n'aurai pas à faire répéter tout ce beau monde, mais je dois quand même faire parvenir ces informations à tous les parents de mes jeunes. Dans ce domaine, on travaille rarement de 9 à 5, mais souvent de 7 à 20.

Le lendemain durant l'audition, je reçois un appel de l'agente de casting, affolée:

— Louise, peux-tu m'aider? Le client est dans la salle d'audition, il veut voir des Asiatiques, peux-tu m'en envoyer deux ou trois avant 17 heures?

Il est 15 heures.

Mes jeunes sont à l'école, les parents travaillent, certains habitent sur la Rive-Nord de Montréal, soit à 1 heures 15 du lieu de l'audition. Je réussis à lui trouver deux enfants disponibles.

Heureusement, tous ces efforts ont été récompensés, c'est l'une de mes artistes qui a obtenu le rôle, pas une Asiatique mais une Caucasienne.

Je vous révèle un autre récit relié à des clients hésitants. Pour une publicité de céréales, l'agence de publicité* demande à l'agente de casting de rencontrer une trentaine de filles, entre 9 et 11 ans, pas pour demain, mais pour le surlendemain. Nous, les agents d'artistes, recevons le *breakdown** par courriel (soumission sur laquelle les rôles sont décrits). On nous enverra le texte d'ici la fin de la journée. Ah tiens, ce n'est pas nouveau! Je suggère environ cinq filles, l'agente les prend toutes. Elle me fait confiance, elle mentionne que mes jeunes sont toujours bien sélectionnés et bien préparés. Ces mots font plaisir à entendre et mettent un baume sur toute cette tension quotidienne. Je téléphone aux parents pour demander leur disponibilité, j'envoie le concept ainsi que l'heure et l'adresse de l'audition. Au téléphone, je fais répéter chacune de mes filles. Je termine autour de 21 heures.

À 9 heures le matin suivant, je reçois un appel en catastrophe de l'agente de casting.

— Louise, tu dois annuler toutes tes filles, elles ne doivent pas se rendre à l'audition. Le client a décidé de prendre des garçons.

— OH!!!!

— Il veut les rencontrer demain.

Je dois recommencer toutes ces étapes aujourd'hui avec des garçons. Appels téléphoniques, disponibilités des artistes, envois du scénario, adresse, heure et répétition des textes en soirée. En priorité, je dois communiquer avec les jeunes filles qui vivront une grande déception de ne pas pouvoir se présenter à l'audition.

J'ai déjà dû annuler l'audition de deux jeunes le jour même. La rencontre avait été reportée à une date ultérieure. J'ai dû téléphoner aux parents qui, eux, devaient joindre la direction de l'école qui devait ensuite communiquer avec le professeur qui, lui, devait avertir l'enfant de ne pas quitter la classe avant la fin des cours. Son parent ne viendrait pas le chercher, l'audition ayant été annulée.

Plus difficile encore lorsqu'on a annoncé à un enfant qu'il jouera dans telle publicité à telle date et que, finalement, le concept a été changé et qu'il ne participera plus au tournage. Cette fois-là, j'ai craqué et pleuré. C'est inhumain!

Tout le monde se sent coincé comme dans un étau : enfant, parent, agence d'artistes, agence de casting, agence de publicité. Toute cette pression pour satisfaire le client. Après tout, me direz-vous, le client a toujours raison, c'est lui qui paie !

Compétition verbale entre parents

Un gros casting se tiendra durant les deux prochaines semaines à Montréal. Perle rare recherchée, entre 11 et 14 ans, afin d'interpréter le premier rôle dans un film québécois. Plus de 2000 jeunes filles ont soumis leur candidature via le site Web du producteur*. Environ 600 candidates sont sélectionnées selon divers critères afin de passer l'audition. Chacune des actrices rêvent de voir sa binette sur grand écran. Les parents désirent autant, sinon plus, en secret, cette notoriété. Certaines personnes ont dû faire jusqu'à sept heures de route pour avoir le privilège de vivre cette expérience.

Le directeur de casting, le producteur, le réalisateur et l'auteur participent à différentes rencontres. Dans un premier temps, chacune des participantes est interrogée par le directeur de casting. Les jeunes filles doivent mettre en valeur leur personnalité et démontrer leur intérêt pour le projet. Après cette étape franchie, celles qui ont été retenues se dirigent dans une autre salle pour interpréter l'extrait de scène qu'elles ont mémorisé au préalable.

Durant ce temps, quelques parents discutent dans la salle d'attente.

— Ça fait combien de temps que votre fille est dans le métier ?

— Oh, la mienne tourne depuis l'âge de six ans.

— Chantale passe à la télé depuis qu'elle a deux ans.

— On a pu apercevoir Kim dans un film à l'âge de trois mois.

— A-t-elle obtenu plusieurs rôles?

— Oui, elle a joué dans trois publicités et deux téléséries.

— La mienne a eu la chance de participer à trois publicités, quatre téléromans et trois films, et vous?

— On a pu voir Laura dans un vidéoclip, deux web-séries, cinq téléromans, six films et au moins une dizaine de publicités.

On se croirait dans une scène des Précieuses Ridicules, *de Molière. Ou, plus près de chez nous, dans la cour d'école lorsqu'on criait: Mon père est plus fort que le tien.*

Durant la compétition verbale de ces dames, leurs filles disputent la première place dans la salle adjacente.

Une des filles qui était restée au stade de l'entrevue vient rejoindre sa mère en pleurant.

— Tu as déjà terminé?

— Ils m'ont dit que j'étais trop grande.

— Quoi! On vient de faire 7 heures de route pour se faire dire que tu n'as pas la bonne grandeur?

Je trouve désolant que certaines personnes qui organisent les castings ne donnent pas assez de précisions. C'était un casting «ouvert à tous», c'est-à-dire que les producteurs ne passaient pas, dans un premier temps, par les agences d'artistes. La publicité faite via les journaux et les réseaux sociaux demandait des jeunes filles entre 11 et 14 ans avec une belle intensité et un jeu naturel. Si j'avais reçu la soumission, je n'aurais pas envoyé des filles de 1,76 mètre, même si elles étaient âgées de 14 ans. Malgré le fait que leur jeune fille paraisse plus âgée, certains parents ne se préoccupent pas de ce détail. Ils voient une opportunité grandiose pour leur enfant même s'ils doivent faire 7 heures de route et que leur enfant ne cadre pas avec l'image.

PRÉCIEUX CONSEILS

Chers parents,
gardez un petit côté humble devant vos pairs. Le fait que votre enfant ait joué dans 14 téléromans et 22 films ne fait pas de lui un génie.

Chers producteurs et agents de casting,
précisez les détails importants dans vos demandes afin d'éviter des déplacements et des pertes de temps inutiles.

De l'enfant ROI
au parent ROI

Une fois par année nous engageons un photographe afin de placer des photos récentes de nos artistes sur notre site Web. Les jeunes changent rapidement d'une année à l'autre. Lorsque nous envoyons une suggestion aux producteurs ou aux agences de casting, il est très important d'afficher une photo bien représentative.

À l'une de mes séances de photos, je rencontre un nouvel artiste de 10 ans. Lors de l'évaluation, il m'avait donné une bonne impression. Froid au départ, mais dès qu'il interprétait un rôle, il s'avérait être un excellent acteur. Je l'accueille donc en souriant et lui dis un beau bonjour. Il est sérieux comme s'il venait du salon mortuaire et il ne me répond pas. Bon, ça commence mal. Je lui demande de se placer devant la toile blanche. Il a les cheveux dans les yeux, je déplace doucement une mèche. Monsieur rouspète et dit qu'il préfère que je ne touche pas à ses cheveux. La mère renchérit en me disant que c'est beau, une mèche dans ses yeux, ça lui donne un genre. Oh là, là, un GENRE, à 10 ans! Je réponds à la mère que, si l'enfant n'est pas plus flexible que ça, il ne pourra pas faire de films ni de la télévision. Il doit écouter les consignes et si un réalisateur veut qu'il soit coiffé d'une telle façon, il doit faire ce qu'on lui demande sans rouspéter.

— Nous devons mettre toutes les chances de ton côté et voir tes beaux yeux bleus, lui dis-je. Ainsi ton apparence sera mise en valeur.

Je suis réputée pour avoir une grande patience mais lors de cette situation, mon niveau de stress est déjà à 60 %.

La toile est blanche, il est blond et il porte un chandail blanc. Pourtant, j'avais envoyé un beau courriel à tous, pas de blanc, pas de noir... Mais, j'ai l'impression parfois que les parents ne lisent pas mes *mémos*. Je dis à la mère qu'il serait préférable qu'il porte un autre chandail afin de faire ressortir son teint. Elle me répond :

— Mais c'est son chandail préféré.

Je contrôle mon stress qui est monté à 75 %, je lui explique DOUCEMENT, de nouveau, qu'il serait préférable qu'il porte un chandail aux couleurs contrastantes.

Je me retenais de lui dire: Votre fils est blême comme un drap, il a les yeux ternes, cernés, sans éclat, il faut bien le rendre plus vivant.

Finalement, il se change. Ouf! Cela me surprend, car il tenait absolument à son fameux chandail blanc. Il porte maintenant un chandail... jaune pâle. Décidément, la mère ne comprend rien. Elle me demande si cela lui convient.

— Non, avec ses cheveux blonds et la toile blanche, c'est trop pâle.

Mon stress est au niveau de 90 %.

— Oui, mais ça lui fait bien un chandail avec un collet monté, regardez comme il est beau.

— Non mais...

— Oui mais...

— Non mais...

— Oui mais...

— Madame, pourquoi me demandez-vous mon opinion si vous voulez faire à votre tête? Choisissez donc celui que vous voulez.

Et je suis sortie, les laissant seuls avec le photographe. Mon stress était au niveau 100 %. J'avais atteint mon seuil de tolérance. Ma patience a parfois des limites, surtout lorsque maman REINE prend pour son petit enfant ROI.

PRÉCIEUX CONSEILS

Faites confiance à votre agent ou au photographe, ils sont les plus compétents pour mettre votre jeune en valeur. Prenez le temps de lire les informations données par votre agent. Lisez le «mémo» dans ses moindres détails.

L'enfant désabusé

Pour le choix des comédiens pour une publicité, l'agent de casting peut voir en audition une vingtaine et plus de personnes par rôle. C'est beaucoup d'acteurs à rencontrer dans une même journée. La première impression des 10 premières secondes constitue une étape importante.

L'acteur doit se présenter parfois devant plusieurs intervenants: le directeur de l'agence de casting qui est souvent à l'accueil puis, à l'intérieur de la salle, le caméraman qui filme l'audition, le réalisateur ou une personne engagée pour diriger le jeu des comédiens et, parfois, le producteur ou le client même.

Lors d'une audition, Ludovic, un jeune de 11 ans se présente devant la directrice de casting. Elle lui demande comment il va. Il ne répond pas. Elle lui pose une deuxième fois la question, aucun son ne sort de cette bouche crispée.

— Est-ce que ça te fait plaisir d'être là?

— Non.

— Pourquoi?

— J'avais une activité à l'école et j'aurais aimé y participer. Puis, en plus, j'aime mieux faire du sport.

— Pourquoi passes-tu des auditions alors?

— Pour le *cash*.

— Tu t'achètes quoi quand tu obtiens des rôles?

— La dernière fois, j'ai acheté un iPhone à ma mère, puis je me suis acheté un Xbox.

Il est entré dans la salle d'audition sans un sourire, il a récité son texte comme un automate, sans expression. Il est sorti sans un au revoir. Bien entendu, il n'a pas été choisi cette fois-là. Sa réaction était inattendue, surprenante.

La directrice de casting m'a téléphoné pour me dire qu'elle n'avait jamais vu un jeune aussi arrogant dans toute sa carrière. Il semblait vouloir choquer, provoquer.

En apprenant cette nouvelle, je me suis sentie peinée, car j'avais peur qu'elle croit à mon manque de jugement face à la sélection de mes artistes. J'avais confiance au talent de mon comédien, puisqu'il avait décroché des rôles lors de ses auditions précédentes. Heureusement, cette agente compréhensive m'a encouragée. Elle croit que c'est peut-être un avant-goût de la préadolescence.

PRÉCIEUX CONSEILS

Dans ces situations, il vaut mieux valider avec l'enfant s'il aime toujours faire ce métier. Et surtout, il importe de vérifier s'il a la passion pour cette activité ou s'il exerce ce travail simplement pour l'argent. Est-ce qu'il vit une pression du parent afin de poursuivre cette carrière? Est-ce le rêve inassouvi du père ou de la mère?

Il n'y a pas seulement les enfants qui nous font dresser les cheveux sur la tête, mais il y a aussi parfois les parents.

La mère hystérique

Suzie, petite fille de sept ans, jolie brunette aux yeux verts, obtient une audition pour une nouvelle série. J'annonce la bonne nouvelle à la mère. Celle-ci est vraiment tout excitée. Elle me téléphone au moins trois fois dans la même journée.

— C'est à quelle heure donc déjà? J'ai perdu le papier.

— Je n'ai pas reçu encore le texte, est-ce que c'est normal?

— Elle aurait combien de jours de tournage?

Je lui envoie par courriel toutes les informations ainsi que le texte qui arrive en fin de journée.

Deux jours plus tard, je reçois une autre version du texte que la petite doit mémoriser.

Je téléphone à la mère pour lui expliquer le tout. Je dois éloigner le téléphone de mon oreille afin de ne pas me faire percer le tympan, tellement elle crie.

— SUZIE, C'EST TON AGENTE AU TÉLÉPHONE, ILS ONT ENCORE CHANGÉ LE TEXTE, MAUDITE MARDE. ON VA ENCORE DEVOIR TOUT APPRENDRE.

Pauvre enfant, ça commence mal l'apprentissage du nouveau texte.

Il aurait été préférable, avant de commencer la répétition de son nouveau texte, de lui annoncer la nouvelle ainsi:

— Viens, ma chouette, il y a des petites corrections qui ont été apportées au texte, on va changer quelques mots.

De toute façon, le fait de réapprendre quelques lignes de texte exerce la mémoire et la concentration. À l'époque, on apprenait le petit catéchisme par cœur ou on devait mémoriser toutes les dates importantes de l'histoire du Canada. Est-ce que c'était pour faire de nous des théologiens ou des historiens? Non, nous exercions notre mémoire. Alors, pourquoi ne pas tout simplement voir le bon côté des choses?

Dans la salle d'audition, la mère recoiffe sa fille pour la quatrième fois, du gel par-ci, du fixatif par-là. Elle replace son collier, tire sur sa jupe, lui pince les joues pour les colorer, elle applique un peu de *gloss* sur les lèvres. Suzie est toute propre, comme un meuble tout neuf, bien astiquée.

— Voyons, tiens-toi droite, souris. Coudonc, t'as bien l'air bête à matin. Attends, t'as une petite couette qui dépasse.

Cinq minutes plus tard.

— Bon, c'est à ton tour. J'espère que tu vas l'avoir, ce rôle-là, sinon, on ne pourra plus payer l'hypothèque, on va vendre la maison et on va être obligées de déménager.

Piteuse, apeurée, la petite Suzie entre dans la salle d'audition. On lui demande son nom, son âge. Elle récite son texte comme un automate avec tous les bons conseils de sa mère. Au bout de cinq minutes, l'audition prend fin. La période d'entrevue n'est jamais très longue, car souvent une trentaine de jeunes peuvent se présenter pour un même rôle dans la même journée. Il y a une première sélection, puis une deuxième audition est parfois nécessaire. Dans un premier temps, c'est surtout l'apparence, le charisme et l'énergie que dégage l'acteur qui influenceront le choix. Pour un film ou une télésérie, le temps d'audition peut augmenter si l'artiste correspond au personnage. Donc, après cette courte prestation, la petite sort en courant... pour aller vomir dans les toilettes.

— J't'avais dit de ne pas «te bourrer la face». Tu vois ce qui arrive... Puis, comment ça été?

— Bien... j'ai manqué un mot dans mon texte.

— T'es donc bien pas bonne. On a passé trois jours à répéter.

La directrice de casting qui faisait passer les auditions m'avait dit: «Cette enfant-là va devenir alcoolique, droguée ou prostituée sur la rue Sainte-Catherine à devoir subir une mère pareille. Ce métier stresse l'enfant au plus haut point. C'est le rêve de la mère vécue par l'entremise de sa fille.»

On dit de cette femme, dans le milieu, pour ne pas choquer nos oreilles, que c'est une mère INTENSE. Une autre personne mentionne que c'est une névrosée, profiteuse, hystérique, débile… une maudite folle, quoi!

En passant, n'ayez crainte, j'ai revu cette petite qui a maintenant 18 ans. Elle n'est plus comédienne, elle étudie en psychologie afin d'aider les jeunes qui ont des problèmes de délinquance.

Précieux conseils

Chers parents que j'adore,
le fait de passer une audition n'est pas une question de vie ou de mort. C'est une simple expérience que votre enfant doit vivre dans la joie. Votre jeune ne doit pas ressentir votre stress ni vos peurs.

Évitez également de remplir l'agenda de vos enfants comme s'ils étaient des premiers ministres. Auditions, tournages, école, devoirs, cours de théâtre, danse, musique, chant, base-ball, hockey, *etc.* Un seul cours à l'occasion peut être bénéfique, mais pas tous en même temps. Ils doivent avoir le temps de jouer avec leurs amis, de simplement s'amuser ou de ne rien faire afin d'éviter un épuisement professionnel.

Les agences d'artistes devraient faire passer des auditions aux parents, pas seulement aux jeunes. Êtes-vous digne d'être un parent d'enfant-acteur? Êtes-vous patient, détendu, zen, compréhensif, motivant, encourageant, positif, aidant, tolérant, souriant, drôle? Si oui, je vous accepte immédiatement dans mon agence.

4.

Quand les animaux font du cinéma

Le cochon qui ne voulait pas rester zen

L'équipe technique ainsi que les acteurs sont présents sur le plateau depuis 7 heures. Il est 13 heures maintenant et aucune scène n'est bonne. On doit tourner *Les Gags Juste pour Rire*. C'est une émission dont le but est de piéger les gens en leur faisant croire différentes anecdotes.

Un petit garçon de 8 ans doit interpeller des passants en insistant pour qu'ils gardent son animal de compagnie pendant qu'il doit aller aux toilettes. En général les gens sont assez coopératifs, surtout lorsque c'est un mignon petit garçon frisé aux cheveux blonds qui leur demande ce service. Un vrai petit saint Jean-Baptiste qui n'était malheureusement pas avec son doux petit agneau, mais avec son gros cochon rose agressif. Je ne sais pas si cela vous est déjà arrivé de toucher un cochon: il crie tellement fort qu'on dirait qu'on est en train de l'égorger pour en faire de la saucisse. Dans ce cas-ci, je crois que c'est le petit saint Jean-Baptiste que les gens auraient égorgé. L'attente était longue. Le jeune ne revenait pas des toilettes. Les gens criaient presque aussi fort que le cochon qui ne voulait pas rester zen, une vraie chorale. En plus, le cochon «chiait» partout. Vous imaginez la scène...

Quatre heures plus tard, à cause de leurs oreilles agressées et de l'odeur nauséabonde, c'est le cas de le dire, ça sentait le cochon, l'équipe technique et le réalisateur ont décidé de mettre fin à cette comédie qui n'en était plus une.

Avant d'engager un animal dans votre émission, pensez-y deux fois. À moins que ce soit un poisson rouge.

Vie de chien, c'est l'cas de l'dire

Pour une publicité de jus, on me demande des jeunes filles de neuf ans avec leur propre chien. La scène est très facile. Une enfant court sur le bord de l'eau, son chien la suit, puis ils doivent s'asseoir sur le bord du quai et la fillette boit son jus. Rien de plus simple, me direz-vous?

Je dis aux parents qu'il est possible qu'on coupe un peu les cheveux de la fillette choisie. Le père de l'une d'elles me demande s'ils vont couper les poils de son chien:

— Heu... non...

— La scène se passe sur le bord de l'eau, mon chien ne sait pas nager. Je l'ai déjà lancé dans l'eau, puis y'était en train de s'noyer. Est-ce que je dois quand même aller à l'audition?

— C'est bien la première fois que j'entends ça, un chien qui ne sait pas nager.

— Oui, le vétérinaire a dit que c'est la seule race qui ne sait pas nager, c'est un mélange de schnauzer/llahsa-apso.

— Un quoi?... Bon, j'pense pas qu'il y ait du danger.

Finalement, c'est sa fille et son chien qui ont obtenu le rôle. Il faisait un soleil éclatant, tout le monde était prêt à tourner. Et personne n'a eu droit à sa coupe de cheveux, ni l'enfant ni le chien.

PRISE 1. 3-2-1, ça tourne.

La fillette court, le chien docile la suit, il est 8 heures le matin.

— Coupez!

On a oublié de mettre le son.

PRISE 2. 3-2-1, ça tourne.

— Coupez!

— Fanny, tu cours pas assez vite.

PRISE 3. 3-2-1, ça tourne.

— Fanny, tu cours trop vite là.

PRISE 4. 3-2-1, ça tourne.

— Bon, y a un nuage là.

PRISE 15. 3-2-1, ça tourne.

— J'ai envie de faire pipi.

PRISE 18. 3-2-1, ça tourne.

— Coupez!

C'est le chien qui «pisse».

PRISE 22. 3-2-1, ça tourne.

Le chien ne veut plus courir.

— Bon on fait quoi là? On n'a pas de doublure* de chien, on a pensé à une doublure pour la fillette mais pas pour le chien.

— Il aime quoi, ton chien?

— Du steak haché.

L'assistant réalisateur va chercher une boulette à la cantine du coin. Dix minutes plus tard:

— Bon, je vais placer la viande dans la poche de ton pantalon, comme ça ton chien va sentir l'odeur et va te suivre.

PRISE 23. 3-2-1, ça tourne.

Après trois secondes, le chien court, court, court et se jette sur la petite qui tombe par terre. Il trouve la boulette de viande et se met à la dévorer avidement.

— Coupez!

— Zut! Ce n'était pas une bien bonne idée.

Le chien dort, la petite pleure et ça ne tourne plus.

On a dû faire venir un autre chien et tout refaire dans la même journée.

Morale de cette histoire: Ayez une doublure pour ces chères petites bêtes.

L'oiseau trop libre et les petites bêtes féroces

Luc est animateur et chroniqueur pour une émission de télévision. Accompagné d'un vétérinaire, il aborde divers sujets en rapport avec différentes espèces animales. Il apprécie son métier, il apprend énormément durant ses tournages, surtout qu'il aspire à devenir lui-même vétérinaire. Lors de ses entrevues, plusieurs faits cocasses lui sont arrivés. Il a eu la gentillesse et la générosité de nous relater trois faits marquants.

☺

Un mardi, il doit se rendre à une ferme d'élevage d'oiseaux de proie. Il arrive tôt vers 6 heures. Rendez-vous au CCM, soit Coiffure, Costume et Maquillage. On lui présente le propriétaire et il découvre la ferme d'élevage. On résume les questions qu'il devra poser au responsable du site et la démarche de l'émission. Tout est prêt. À la suite de l'entrevue, l'éleveur doit demander à son aigle de faire quelques tours d'adresse. C'est l'oiseau le plus imposant, le préféré du propriétaire, la mascotte de la ferme.

Cet oiseau est impressionnant avec sa taille de 90 centimètres de long, l'envergure de ses ailes pouvant aller jusqu'à deux mètres, son bec crochu et ses serres puissantes. Il vole habituellement à une vitesse de 45-50 km/h, mais peut atteindre jusqu'à 130 km/h. En piqué, sa vitesse peut avoisiner les 320 km/h. Luc doit souvent mémoriser de longues explications qu'il doit transmettre aux téléspectateurs.

L'équipe de production est prête à tourner. Au premier coup de sifflet, le rapace doit survoler le champ environnant puis, au deuxième signal, il doit retourner sur le bras de son maitre. L'aigle n'en est pas à son premier vol en tant qu'acteur, il a de l'expérience, il a déjà donné plusieurs spectacles pour des élèves et dans divers événements corporatifs.

Au premier coup de sifflet, docile, l'animal déploie ses ailes majestueuses et s'envole. Il monte de plus en plus haut et on aperçoit une toute petite silhouette, puis un mouvement de la grosseur d'une mouche. Son maitre s'inquiète un peu car, habituellement, il ne vole pas aussi haut et aussi loin. Après quelques secondes, l'oiseau disparait complètement. Au deuxième coup de sifflet, l'aigle ne revient pas, ni au troisième coup, ni au quatrième. C'est l'angoisse totale. On tourne, mais on tourne un ciel tout bleu sans silhouette noire. C'est la panique, le propriétaire a perdu son oiseau, et le réalisateur a perdu sa prise de vue et son émission qui devait être géniale. On a su que l'aigle a réintégré son domicile plusieurs heures plus tard. On n'a jamais compris ce qui lui était passé par la tête. Il a peut-être rencontré l'âme sœur en chemin puis, affamé, il a décidé de retourner au bercail.

Luc, notre animateur-vedette en a vu de toutes les couleurs durant les enregistrements. Lors d'un tournage dans une animalerie, il doit présenter à la caméra un gecko léopard, un petit lézard mesurant environ 25 centimètres. On dit du gecko qu'il a un caractère docile et, grâce à sa facilité d'élevage, il est souvent considéré comme un animal de compagnie. Après avoir décrit ce petit reptile et énuméré ses caractéristiques, Luc le sort de sa cage. Quelle ne fut pas sa surprise lorsque le gecko décide de se nicher rapidement sur sa tête et de lui tirer les cheveux. Il continue sa course folle en lui mordant les oreilles, puis le nez et le cou. On aperçoit des gouttes de sang couler sur sa peau. L'animateur essaie de l'attraper, le lézard continue ses acrobaties et ses morsures répétées sur ses mains, sur ses doigts. Rapidement, trois personnes essaient de sauver Luc des dents de son bourreau. Le gecko est généralement plus à l'aise la nuit, voilà pourquoi il a dû se sentir menacé sur le plateau de tournage avec tous ces réflecteurs dirigés sur lui. Après avoir réussi à ramener dans sa cage cette petite bête qui semblait inoffensive, l'animateur a terminé d'enregistrer la capsule. Blessé, il ressemblait à un arbre de Noël décoré de ouates et de diachylons.

Lors d'un autre épisode, mon artiste m'a raconté qu'il devait tourner avec trois chiens. La dame qui s'occupait de l'élevage est arrivée avec trois chats. Il y a sûrement eu un manque de communication. Faute de temps, le vétérinaire a décidé de tourner quand même l'émission. À la dernière minute, Luc a dû apprendre de nouveaux textes en rapport avec les chats. Heureusement qu'il possède une excellente mémoire. Sortis de leur cage, les chats se battaient entre eux, ouf! Au moins, ce n'était pas Luc qui recevait les morsures cette fois-ci. Ces bêtes indisciplinées se sont mises à vomir et à faire des petits cadeaux partout. C'était loin d'être Noël! Une autre journée épuisante pour l'animateur, mais il adore son métier et désire toujours devenir vétérinaire.

Dans une mascotte durant 10 heures à 35 °C

Il était une fois une fraise, une carotte et une banane toutes assises dans une charrette. Les trois actrices cachées dans les mascottes étaient bien heureuses lorsqu'on leur a appris qu'elles avaient décroché le rôle pour la publicité d'un marché de fruits et légumes. Mais on ne leur avait pas tout dit.

Par une chaleur accablante de 35 °C, elles devaient rester assises toute la journée sur des ballots de foin. C'est piquant du foin, et elles devaient faire des salutations de la main. Trois reines d'Angleterre saluant la foule, en souriant, même si on ne voyait pas leur visage caché dans leur grosse tête de papier mâché. Mais on dit souvent aux comédiens: «Tout est dans l'attitude. Même si on ne voit pas votre visage, souriez, votre corps parle, on doit voir la joie à travers votre corps.»

En plus, ce qui n'avait pas été écrit au scénario, la charrette était tirée par deux chevaux et il y avait une dizaine de poules à côté d'elles qui piaillaient et couraient partout. Les poules volaient et on devait recommencer les prises. La jeune fille qui interprétait la banane devait se pencher et prendre une pomme dans la charrette. Les poules picoraient ses mains, mordaient ses lacets de bottines et laissaient leurs petites commissions sur ses pieds. Pour ne pas dire, elles chiaient partout. De plus, l'une des comédiennes était allergique aux plumes de ces volatiles et ne cessait d'éternuer. Essayez donc de vous moucher avec des gants blancs et une grosse tête de fraise sur la tête. La pauvre...

Plus les heures s'égrenèrent, plus la chaleur croissait. La sueur perlait sur leur visage anonyme, leur corps transpirait et, croyez-moi, ça ne sentait pas la fraise. Le tournage a dû s'interrompre, car l'une des comédiennes a vu des étoiles, pas à cause de la nuit venue mais à cause de la déshydratation. Après une heure de repos, la salade de fruits et légumes poursuivait son aventure. Tout semblait reprendre aisément, mais oh non... un autre pépin s'abattit sur l'équipe.

Les chevaux apeurés par les poules décidèrent d'entreprendre une course folle entre les voitures. Le cocher d'expérience a pu freiner l'ardeur de ces deux animaux en furie. Les mascottes ne riaient plus, les gants blancs n'étaient plus blancs, ni leur costume, d'ailleurs. Après 10 heures d'efforts et de nombreuses prises, le tournage se termina ENFIN !

Heureusement, tous sortirent de cette aventure, sains et saufs : les actrices, le cocher, les chevaux et les poules.

PRÉCIEUX CONSEILS

Avant d'accepter un rôle, informez-vous du concept exact. Si vous êtes allergique à certains animaux, abstenez-vous de les côtoyer et avertissez votre agent.

Parfois, un repas est servi aux comédiens, donc si vous souffrez d'allergie ou d'intolérance à certains aliments, il est primordial d'en parler.

5.

Tournages loufoques

Maman, j'ai mal au cœur

Pâtisseries, croissants, muffins, beignes, fruits, noix, confitures, bonbons, tout est appétissant sur la table du plateau de tournage. Pour un enfant, c'est comme explorer les allées d'un magasin de jouets, il veut tout essayer, tout avoir et, dans ce cas-ci, tout goûter. L'arrivée sur le plateau est prévue à 7 heures du matin. L'enfant a faim, il mange, il mange, il mange. La mère le laisse abuser de sa gourmandise. Après la séance de maquillage, coiffure et habillage, on tourne.

Et devinez quel genre de publicité on tourne? Une annonce de gâteau. Un beau gros gâteau tout blanc, trois étages, avec un glaçage blanc comme neige, tout brillant. L'enfant gourmand est content, il adore le gâteau.

PRISE 1. On tourne... 3-2-1, action.

Thomas prend une bouchée et doit dire: «Hum, c'est bon. »

— Coupez! Tu dois parler un peu plus fort.

— Oui, mais c'est difficile avec mon morceau de gâteau dans la bouche.

PRISE 2. On tourne... 3-2-1, action.

— Hum, c'est bon.

— Coupez! Iil y a une mouche sur le gâteau.

PRISE 3. On tourne... 3-2-1, action.

— Hum, c'est bon.

— Coupez! Le soleil vient de se cacher.

PRISE 22. On tourne... 3-2-1, action.

— Hum, c'est bon.

— Coupez! Thomas, tu dois sourire.

— Mais, j'pas capable, j'ai mal au cœur.

Il ne se sent pas bien et a le goût de vomir. La mère suggère de lui donner des Gravols. Par contre, elle précise au réalisateur que, si son enfant prend ce médicament, il va s'endormir.

> *Le réalisateur réfléchit et se demande: Est-ce que c'est mieux qu'il vomisse ou qu'il s'endorme? Il a le goût d'ajouter: Bien, vous pouvez lui en donner la moitié, comme ça il va vomir à moitié, puis il va dormir à moitié.*

Aucune petite pilule n'est donnée. Le réalisateur parle à l'enfant doucement:

> — Je t'avais dit de cracher ta bouchée entre chaque prise, il ne fallait pas manger le gâteau. Bon, on va prendre une pause.

Au bout d'une heure, une pluie torrentielle s'abat sur la terrasse où avait lieu le tournage. Il a fallu tout recommencer le lendemain. Je vous jure que cet enfant n'a plus avalé une seule bouchée de ce dessert, malgré son apparence appétissante.

J'ai déjà tourné une publicité de gâteau de ce genre et afin que le glaçage paraisse lustré à l'écran, on avait ajouté de la graisse Crisco. Je vous garantis que je n'en ai pas avalé une seule bouchée et que je n'ai plus jamais mangé de gâteau blanc de ma vie.

Uriner dans une grange

Phil, acteur de 19 ans, de belle apparence et sûr de lui, s'entraine quatre fois par semaine. Il passe une audition pour un premier rôle dans un film. Enfin, le rêve de sa vie pourra peut-être se concrétiser.

Il semble que l'audition se soit bien passée. Il était détendu et savait parfaitement son texte. De plus, la description du personnage lui collait à la peau. Beau, grand gars, athlétique, corps musclé, inspirant le désir et la confiance... un dieu grec, quoi!

Phil convoite ce rôle, il attend le résultat impatiemment.

La réponse aux auditions pour des publicités arrive dans les deux jours qui suivent. Pour des séries télévisées ou des films, un délai d'un mois peut s'écouler avant d'obtenir les résultats.

Après trois longues semaines, je reçois enfin la réponse.

— Allo, Phil, c'est Louise. J'espère que tu es bien assis... tu as obtenu le rôle.

— Yé!!!!!!!!!!!! Ah j'suis tellement content. Merci, Louise!

— Je t'envoie le scénario au complet à l'instant. Je n'ai pas eu le temps de le lire, je viens de le recevoir, tu m'en donneras des nouvelles.

Deux heures passent, le téléphone sonne. C'est Phil.

— Louise, j'peux pas jouer ça!

— Comment ça?

— Ils ont ajouté une scène, c'est écrit que je dois uriner dans une grange.

— Qu'est-ce que ça peut faire?

— C'est écrit: «Épié par Laurent, Steve baisse sa fermeture éclair et se met à uriner dans le fond de la grange.»

— Oui et puis après?

— C'est écrit: «Gros plan rapproché du pénis de Steve qui urine.»

— ...

— ...

— En plus c'est écrit: «Il prend sa douche dans la cabine extérieure, on voit sa poitrine, ses fesses et son pénis à travers une fente. Laurent le rejoint dans la douche, se blottit contre lui et commence à l'embrasser intensément.»

— Ouais... je n'étais pas au courant pour cette scène. Je suis désolée.

— Écoute, je n'ai pas l'goût d'exhiber mon pénis en gros plan sur écran géant au cinéma ni ailleurs. Je n'ai pas fini de me faire écœurer par mes chums au cégep. Je ne veux pas être la risée de l'école.

— J'te comprends parfaitement, c'est à toi de prendre la décision.

J'étais conciliante même si, dans ma tête, l'acteur venait de perdre 15 000 $ et l'agent, dans les circonstances: moi-même, je perdais 2 250 $ soit 15 % de commission.

Adieu, veau, vache, cochon...

Mère obstinée
pour des bas trop petits

Une fillette de huit ans obtient un troisième rôle parlé dans un film, c'est-à-dire qu'elle a entre 1 à 5 lignes de texte à dire. Elle doit jouer une ballerine. Elle se rend au CCM (Coiffure, Costume, Maquillage). Dans la salle d'essayage, elle enfile ses jolis petits collants roses. Oh, misère! Elle a beau tirer de tous les côtés, ses bas ne veulent pas monter plus haut que les genoux. Je ne sais pas si elle a engraissé depuis la prise de mesures chez la costumière ou si la mère a donné les mauvaises mensurations, mais rien ne va plus. La mère s'acharne.

— Allez, tire. Allez, rentre le ventre. Allez, t'es capable.

La costumière s'approche gentiment.

— Madame, vous ne voyez pas que ça ne sert à rien.

— Moi, j'vous dis qu'elle va rentrer dans son costume.

— Maman, j'ai mal aux pieds, mes souliers sont trop petits.

— Non, tes souliers ne sont pas trop petits, ils te font.

La costumière rétorque, de moins en moins patiente.

— Écoutez, il y a une fillette ici qui est plus petite et qui va prendre le rôle. Votre fille fera de la figuration à sa place. Sortez de derrière le paravent s'il vous plaît, pour que Kim puisse enfiler le costume, on tourne dans 10 minutes.

La mère tire de tous bords tous côtés; elle veut absolument que ce soit sa fille qui ait le rôle parlé.

— Vas-y Gaby, j'te dis que tu vas les mettre, tes collants, sinon on va couper tes pieds.

La petite pleure.

— J'veux pas que tu me coupes les pieds.

— Ben non, pas tes pieds, niaiseuse, tes bas.

La costumière hausse le ton afin de faire taire cette mère obstinée et hystérique.

— Madame, sortez s'il vous plait.

Finalement, elles sortent de leur lieu de torture, la fille en larmes, la mère en furie. La petite ne jouera pas le troisième rôle parlé et c'est l'autre fillette, plus menue, qui dira la petite ligne de texte. Finalement, Gaby enfile à regret le costume de la figurante qui lui va, somme toute, à merveille. La mère, déçue, se calme, elle n'a pas le choix de se résigner. Elle ne s'est sûrement pas déplacée pour rien. Elle veut absolument que sa fille joue dans le film, même si on ne la reconnaitra pas.

Décidément, il y a des parents qui sont prêts à tout pour que leur enfant soit en premier plan, sous les feux de la rampe.

Imbroglio au centre commercial

Cédric, âgé de cinq ans, tournait dans une émission où des personnes âgées devaient faire des gags à des gens dans divers lieux publics. Un homme d'environ 70 ans jouait le rôle d'un itinérant. Il faisait vraiment peur avec ses vieux vêtements déchirés, ses cheveux hirsutes, ses longs bras, sa barbe grise ressemblant à de la laine d'acier. Même si on avait beau dire à l'enfant que c'était un ACTEUR, le jeune en avait terriblement peur.

L'action se passait à l'intérieur d'un centre commercial. Le petit garçon à l'allure frêle devait se promener dans l'allée avec l'actrice qui personnifiait le rôle de sa mère. Il tenait précieusement et jalousement dans ses mains plusieurs pièces de monnaie. Le réalisateur lui avait mentionné que cet argent lui servirait à faire des tours de petits manèges qu'on aperçoit parfois à l'entrée des centres à grande surface. Les petites fusées,

les animaux, les voiturettes aux formes variées et colorées atti-
rent les enfants autant que le miel attire les mouches. J'ai déjà
vu des enfants se coucher par terre et faire des crises de nerfs
parce que leurs parents ne voulaient pas faire fonctionner ces
appareils. Donc, notre très jeune comédien avait juste une idée
en tête, soit s'amuser dans les petits jeux avec ses sous.

L'équipe technique et les acteurs se préparaient à tourner.
L'itinérant aux allures terrifiantes devait se diriger vers Cédric et
lui demander avec sa voix hargneuse et son ton bourru :

— Hé, le petit, donne-moi ton argent.

Dans le sketch, le petit comédien devait remettre docilement
tout son argent au vieillard. Durant ce temps, la caméra suivait
le comportement des passants pour savoir si ceux-ci allaient réa-
gir, prendre la défense du jeune, le protéger et réprimander le
vieil homme pour sa malveillance. Mais, malheureusement, la
scène ne se passa pas comme prévu, l'enfant ne voulait absolument pas donner son argent. Il tapait du pied, cachait sa monnaie et criait courageusement au vieillard :

— NON, C'EST À MOI.

Le réalisateur dit à l'enfant :

— Cesse tes élucubrations et reste stoïque.

Aussi bien lui parler en chinois. L'enfant criait de plus en plus
fort :

— Non, j'veux pas donner mon argent au vieux, j'veux faire
   des tours de manège avec mes sous, bon !

Calmement et avec un vocabulaire adéquat, la mère a expliqué de façon plus claire et précise le concept à son fils. Le tournage a repris, le jeune a donné sa monnaie au monsieur aux airs
bizarres. Quelques passants ont été offusqués en voyant les
agissements de l'itinérant, ils l'ont même attaqué verbalement :

— Ça n'a pas de bon sang de voler de l'argent à un tout petit!

Ils lui arrachaient les pièces des mains et les remettaient à l'enfant.

— Coupez!

Enfin, la prise était bonne. L'itinérant a pu enlever sa perruque, sa fausse barbe et son déguisement. Les gens se sont aperçus qu'ils venaient de se faire piéger. Des rires éclatèrent. On a félicité Cédric pour son travail exemplaire et oui, bien sûr, il a pu faire ses tours de petits manèges.

PRÉCIEUX CONSEILS

Je crois qu'il faudrait donner un cours à certains réalisateurs, à savoir comment agir avec les enfants et quel vocabulaire utiliser. Choisir des mots plus compréhensibles, être plus chaleureux rendrait la tâche plus facile pour l'enfant.

Louise est sur le bord de faire une crise de nerfs

Le téléphone sonne.

3 h 13 :   Louise, j'dois-tu lui faire des tresses ou des couettes pour le tournage?

4 h 13 :   Louise, j'me souviens plus si c'est sa robe jaune ou celle à pois bleus que je dois apporter.

5 h 13 : Louise, on est pris dans le trafic là. J'pense qu'on va arriver en retard.

6 h 13 : Louise, j'viens de finir de lire le contrat. C'est quoi son numéro d'assurance sociale?

7 h 13 : Louise, ça fait une heure qu'on est arrivées. C'est-tu normal, on n'a pas commencé à tourner encore.

8 h 13 : On n'a pas passé encore.

9 h 13 : Fanny, elle commence à être fatiguée là, on n'a pas passé encore.

10 h 13 : On n'a pas notre lunch, est-ce que tu sais si le repas est fourni? Puis on n'a pas passé encore.

11 h 13 : Bon, je suppose que vous me téléphonez pour me dire que vous n'avez pas passé encore.

— Louise, c'est John à l'appareil, qu'est-ce que tu me racontes, j'comprends pas?

— Euh...rien...

— On dirait que tu as dormi sur la corde à linge, ta voix est bizarre, tu as l'air fatiguée.

— Disons que ma journée a commencé trrrrrrrrrrrrrrrès tôt.

— Bon, c'est pour te dire qu'on a eu un petit pépin sur le plateau avec notre décor et qu'on doit faire revenir la même petite fille demain matin, à la même heure.

BANG... Non, je ne me suis pas suicidée, c'est seulement le téléphone qui vient de tomber par terre... par faiblesse. J'suis donc fatiguée, je ne sais pas pourquoi...

Le courage d'un jeune dans la boue jusqu'aux genoux

Par un bel après-midi de juillet, on tourne un court-métrage dans un parc à Montréal près d'un étang. Samuel, six ans, savoure sa victoire. C'est la première fois qu'il obtient un rôle parlé. Il porte des petits pantalons noirs roulés aux genoux, agrémentés d'un chandail à rayures noires et blanches. Il lui manque seulement son chapeau de paille, son foulard et son ceinturon rouge et on le confondrait volontiers avec un gondolier à Venise. Mais dans ce bassin, tout ce qu'on aperçoit, ce sont des chaloupes et des pédalos. Bon, adieu le romantisme et l'Italie, on revient au Québec. Habillé de son joli petit costume, notre comédien écoute attentivement les directives du réalisateur.

— Samuel, lorsque je te dirai «Action», tu dois contourner l'arbre puis, lentement, traverser le petit lac et aller voir ta mère qui se tient près du rocher. C'est l'été, tu as chaud, tu dois t'arrêter vers le milieu et t'arroser la nuque. N'aie pas peur, ce n'est pas creux.

— Silence, on tourne.

— 3-2-1, action.

Heureux, Samuel s'applique à faire exactement ce que le réalisateur lui demande. Il aime l'eau et il a hâte de se rafraîchir. L'eau aux couleurs verdâtres n'est pas trop appétissante. Plus il avance dans l'eau, plus il grimace. Cette mimique ne faisait pas partie de son personnage.

— Coupez!

Le réalisateur redonne ses consignes:

— Samuel, tu dois ressentir la joie, tu es heureux de jouer dans le bassin, tu peux enfin te rafraichir et tu as hâte de retrouver ta mère de l'autre côté de l'étang.

— 3-2-1, action.

Samuel marche lentement dans l'eau, pieds nus, il essaie de sourire. Plus il avance, moins il sourit. Il rapetisse à vue d'œil. Il s'enfonce de plus en plus dans la boue qui ressemble à du sable mouvant, ça ne va pas du tout. Il se retient pour ne pas pleurer. C'est un grand garçon, c'est son premier rôle, il ne veut pas décevoir le réalisateur et son père qui l'accompagne.

Celui-ci se doute bien qu'il y a quelque chose qui l'incommode. Entre deux prises, il s'approche de son fils et lui demande ce qui ne va pas. Son fils lui chuchote :

— Papa, l'eau est froide, je m'enfonce dans la boue quand j'avance et, en plus, il y a des poissons qui me chatouillent les pieds. Je n'aime pas ça, j'ai peur que les poissons me mangent les orteils.

— N'aie pas peur. Tu es un grand garçon. Imagine que tu marches dans du Jell-o et que les petits poissons sont tes amis et viennent te dire bonjour. Ils ne sont pas dangereux, ils s'amusent tout comme toi.

— 3-2-1, action.

Samuel, arborant le plus beau des sourires, se lance à l'eau, confiant. Il veut atteindre avec fierté l'autre côté du bassin, même si le fond s'avère visqueux et vaseux. Il pense au Jell-o et à ses petits amis. Réjoui, il gagne avec succès le rivage opposé. Le réalisateur et son équipe applaudissent avec enthousiasme son exploit. Le père, avec une petite larme à l'œil, embrasse chaleureusement son fils.

Voilà un bel exemple de courage. Comme quoi l'imagination et la confiance font des miracles.

6.

Vie d'artiste, vie rêvée!

Traitement royal

Tristan, neuf ans, reçoit la bonne nouvelle. Il vient d'obtenir un premier rôle dans une publicité de télécommunication. Il s'envolera pour Vancouver durant quatre jours. Sa mère l'accompagnera. Toutes les dépenses sont défrayées: avion, hôtel, repas, en plus d'un salaire faramineux. Les valises sont prêtes.

Il n'a dormi que quelques heures, trop excité de prendre l'avion, son premier vol. Il veut tout voir: la piste, le décollage, le ciel, les nuages. Malgré sa fatigue, il essaie de ne pas piquer du nez. L'avion dans lequel il se trouve aurait intérêt à faire de même. Il rigole en regardant quelques épisodes des *Gags Juste pour rire* sur son petit écran. Un léger repas lui est servi. Oui, très léger, cacahuètes et jus. Après six heures de vol, une limousine les attend. L'hôtel est luxueux, avec piscine intérieure. Je suggère toujours à mes acteurs d'apporter un costume de bain au cas où il y aurait une piscine à l'hôtel, ils pourraient alors se baigner après le tournage.

On les accueille chaleureusement à la réception. La dame leur dit qu'un chasseur va venir s'occuper d'eux. L'enfant répond:

— Je ne savais pas que c'était le temps de la chasse.

Il était inquiet, car la publicité se tournait en forêt. Sa mère a éclaté de rire.

— Un chasseur, c'est un employé engagé pour porter les valises.

— Ouf!!!

La chambre avec vue sur la mer, deux grands lits queen, téléviseur plasma et immense salle de bain étaient plus que confortable. Après quelques minutes d'exploration, un délicieux souper comble leur faim. Ils rencontrent, par la même occasion, les autres acteurs de la publicité et quelques membres de la production. Tout se passe dans la bonne humeur. Un saut dans la piscine termine bien leur soirée.

Le lendemain matin, après un copieux déjeuner, un taxi les amène à l'essayage de costumes. Avant de partir, il est toujours très important de donner les mesures exactes à la costumière. Quelques vêtements sont sur des cintres. Tristan les essaie. Il se pavane devant le miroir, fier de l'effet projeté. La costumière lui glisse à l'oreille:

— Tu es beau comme un cœur.

— Yeurk, c'est pas beau, un cœur!

Je ne sais pas d'où vient cette expression: on ne peut pas dire qu'un morceau de chair gluante et de couleur brunâtre soit vraiment appétissant...

Les ajustements terminés, Tristan peut aller visiter librement la région de Vancouver avec sa mère. Ils se promènent dans le quartier chinois, ils découvrent l'architecture asiatique colorée et les bonnes odeurs alléchantes venant des restaurants. Ensuite, ils se dirigent vers le pont suspendu de Capilano à quelques minutes du centre-ville de Vancouver. Ce pont traverse la forêt à plus de 30 mètres de hauteur sur une longueur de 136 mètres. Le pont bouge et procure plein de sensations, cette activité n'est pas destinée aux cœurs sensibles. Toute une aventure! De retour à l'hôtel, exténués mais heureux, la mère et l'enfant sautent dans la piscine, et une bonne nuit de sommeil complète cette magnifique journée.

Le lendemain, le jour «J» est enfin arrivé. Une limousine les amène sur les lieux du tournage. Quelle beauté apparait devant leurs yeux. Une forêt majestueuse avec ses arbres gigantesques et ses plantes odorantes. Et, en plus, on voit cela juste dans les films, un petit Bambi court partout. Eh oui, ce petit chevreuil faisait partie de la publicité. Une chance que ce n'était pas le temps de la chasse! Après plusieurs heures de tournage dans ce lieu paradisiaque et un traitement royal, tout le monde retourne au bercail. Une autre petite saucette dans la piscine et dodo. Ils retournent à Montréal avec la tête remplie de belles images et d'aventures enrichissantes.

Ce cher Tristan a pu revivre une expérience similaire pour une autre annonce à Los Angeles et, cette fois, avec son papa. Il faut bien donner la chance aux deux parents de partir en voyage. Il est bien chanceux, ce petit. Il a des parents attentifs, valorisants et, surtout, il est bien mignon, talentueux et il continue de perfectionner son jeu d'acteur en suivant des cours. Je me sentais comblée de bonheur et fière de sa réussite.

Complicité mère-fille

Une de mes artistes habite dans une petite ville près de Mont-Laurier, soit environ deux heures et demie de route de Montréal. Je me sens toujours un peu coupable lorsque j'ai une audition pour Léa. Je trouve épouvantable de lui demander de faire cinq heures de route aller-retour, pour une audition d'une durée de cinq minutes. Mais la mère me rassure chaque fois en me répétant: «C'est notre moment exclusif mère-fille.»

Oui, elles se donnent la chance de vivre des moments de félicité loin du brouhaha de la vie quotidienne. La mère ne peut pas toujours lui donner du temps de qualité. Elle vit avec son conjoint et ses deux autres enfants. Plusieurs activités ou autres personnes les éloignent: le travail, l'école, les tâches ménagères, les sports, les divers cours, la télévision, l'ordinateur, le conjoint, les frères, les amis... Cette petite balade leur donne alors l'occasion de se retrouver, d'échanger, de s'amuser.

Durant le trajet, parfois, elles tirent au hasard des thèmes et elles en discutent afin de mieux se connaitre. À d'autres occasions, elles écoutent des CD de chanteurs ou de groupes de leur époque respective. Elles chantent à tue-tête. L'enthousiasme fait oublier le petit stress que Léa peut vivre avant une audition. Elles découvrent ensemble les valeurs importantes de la vie. Cette sortie leur appartient, à elles seules, une occasion privilégiée de se rencontrer, de s'ouvrir à l'autre.

— Allo, je m'appelle Léa, j'ai huit ans et j'aime dessiner, patiner, inventer des histoires, jouer à la corde à danser avec mes amies et mon dessert préféré est le gâteau au chocolat.

— Allo, je m'appelle Diane, j'ai 41 ans et j'aime peindre, skier, écrire mon journal quotidien, faire du yoga avec mes amies et mes mets préférés sont les fruits de mer.

Après l'audition ou le tournage selon le cas, alors qu'elles refont le trajet en sens inverse, Léa, exténuée, se repose. Le cœur de la mère se gonfle de fierté en la regardant dormir.

À quelques rares occasions, Diane organise de petites vacances de deux jours. Lorsque sa fille doit tourner à Montréal, elle loue un petit hôtel sympathique. Elles se transforment en touristes durant la journée de congé de Léa, lorsque celle-ci ne tourne pas. Plusieurs possibilités s'offrent à elles. Elles aiment flâner bras dessus, bras dessous, dans les rues du Vieux-Montréal, elles s'arrêtent pour qu'un artiste exécute leur caricature, elles bouquinent dans les librairies ou fouinent dans les boutiques. Elles vont au cinéma les jours de pluie ou elles visitent un musée. De retour à l'hôtel, elles mettent leur pyjama et font un pique-nique, assises par terre, dans la chambre. Elles regardent une comédie à la télé. Puis elles s'endorment dans les bras de Morphée, satisfaites de leur journée.

Une grande vague d'amour les unit et les réconforte. Elles vivent chaque instant avec gratitude.

Cette complicité mère-fille, n'est-elle pas merveilleuse?

Stratégie familiale à la chambre d'hôtel

Alex, neuf ans, a obtenu un premier rôle dans un film qui se tourne à Québec. Une chambre est réservée dans un grand hôtel pour sa mère et le jeune artiste. Toute la famille veut faire partie de l'expérience : le père, ainsi que les deux sœurs d'Alex, âgées respectivement de cinq et sept ans.

Ils décident tous de partir par une belle journée d'hiver. Après trois heures de route, ils arrivent à l'hôtel et la stratégie commence. Le père et ses filles demeurent en retrait sur les sièges capitonnés du hall d'entrée. La mère se rend à la réception afin d'obtenir sa clé. Elle se sent un peu comme dans un film de James Bond. Le personnel de l'hôtel ne doit pas savoir qu'ils sont cinq à partager la chambre au lieu de seulement deux personnes. Ils ne veulent pas payer de frais supplémentaires. Après tout, la production du film paie pour deux personnes et non pour les cinq. La mère appuie sur le bouton de l'ascenseur, et dès l'arrivée de celui-ci, les trois autres mousquetaires se dirigent rapidement dans cette direction. Ils sont obligés de suivre de près, car ils ne connaissent pas leur numéro de chambre. Ni vus, ni connus, on se croirait dans un film d'espionnage.

Tout va bien, ils se reposent dans leur chambre comprenant deux grands lits queen et un divan-lit. Ensuite, ayant du temps libre, toute la famille se promène dans les rues du Vieux-Québec. Une petite neige fine et étincelante tombe et recouvre le sol de son tapis blanc. Quelques boutiques aux lumières scintillantes décorent cet environnement féérique. Un moment privilégié, car la famille est rarement réunie pour un voyage.

Le lendemain matin, afin de limiter les dépenses, la mère décide de commander à la chambre le petit-déjeuner inclus dans le forfait. Elle demande des triples portions pour les céréales, rôties, crêpes, confitures, *etc.*

Étant donné qu'Alex devait se présenter au tournage, la mère savait qu'un buffet serait servi sur le plateau, donc le déjeuner matinal servirait au père et à ses filles. Lorsque la dame de service a frappé à la porte, les deux sœurs se sont cachées entre le mur et le lit du fond. Alex faisait semblant de dormir sous les couvertures dans le but de précipiter le service du déjeuner. Le père, sur le bol de toilette, les culottes à terre, attendait de faire ce qu'il avait à faire afin de ne pas occasionner de bruit. La retenue a quand même des limites. La serveuse avançait son chariot de plus en plus vers la cachette des filles.

— Je vais servir les plats.

— Non, non, ce n'est pas nécessaire.

— Cela me fait plaisir.

— Je sais, mais mon fils dort, je ne veux pas le réveiller maintenant, il est préférable que je m'occupe de tout.

L'employée quitte enfin. Le rire général fuse dans la chambre... sauf dans la salle de bain où le père, devenu rouge-violet à force de retenue, ne rit plus. Il n'a jamais eu aussi hâte de sa vie de faire ce qu'il avait à faire. Toute la famille s'amuse encore en se remémorant cette anecdote.

Heureusement, après une belle journée de tournage, la famille stratégique a pu admirer par la fenêtre, en soirée, le glorieux défilé du Carnaval de Québec. Cette merveilleuse aventure restera gravée dans leur tête à tout jamais.

7.

Tombée de rideau

Les machines à boules

Claire, huit ans, a décroché un premier rôle dans une télésérie jeunesse. Elle tournera une vingtaine d'épisodes durant l'année. Ses gains monteront facilement à 28 000 $, incluant les jours de tournage, les droits de suite, les répétitions et les essayages de costumes. C'est un montant très intéressant pour une jeune de cet âge. C'est une enfant docile, studieuse et appréciée de tout son entourage. La série est un succès et sera en ondes durant cinq ans.

La mère s'occupe de la carrière de la petite. Elle l'amène aux tournages et gère son argent. Les parents sont séparés. Le père me téléphone occasionnellement pour me demander combien gagne sa fille. Je lui donne les montants. Tout roule à merveille comme sur des roulettes... c'est ce que tout le monde croyait.

Je reçois une lettre d'un huissier me demandant de passer en Cour à la demande du père, afin de justifier les montants reçus par sa fille durant toutes ces années. Je dois faire des recherches, ressortir les preuves des cachets. Heureusement que je conserve tout. De plus, cela ne me plait pas trop de manquer une journée de travail et de devoir payer une secrétaire pour me rendre au palais de justice. Après trois heures d'attente, c'est notre tour.

— Vous jurez de dire toute la vérité rien que la vérité, dites je le jure.

— Je le jure.

— Pouvez-vous nous donner le montant gagné par Claire, ici présente, durant ces cinq dernières années.

— 127 595 $

— Merci.

Le père ne savait pas où était passé tout cet argent, sa fille avait beau se nommer Claire, le message n'était pas clair.

Le père croyait qu'une partie de l'argent avait été placée par la mère dans un régime d'épargne-études (REEE) et l'autre, dans divers placements.

Après plusieurs questions à la mère lors du procès, le père, les avocats et le juge ont appris que la mère était une joueuse compulsive et qu'elle avait dépensé plusieurs milliers de dollars au casino. La machine à boules a avalé le fric et le père a avalé sa salive... de travers.

L'histoire ne dit pas si la mère a dû aller en thérapie ou si elle a dû rembourser une partie de la somme.

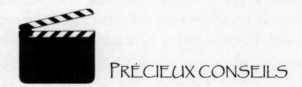

PRÉCIEUX CONSEILS

Lorsque vous êtes séparés de votre conjoint, il est toujours important de faire un suivi serré pour savoir où va

l'argent de votre enfant. Il ne faut pas attendre cinq ans.

En France, il existe déjà des règlements plus sévères pour protéger les jeunes enfants-vedettes. Heureusement, l'Union des artistes, au Québec, a comme projet de créer une fiducie à partir de janvier 2016 afin de protéger financièrement les enfants-artistes.

À la suite d'histoires de casino et ses machines à boules, voici une autre anecdote en rapport avec d'autres sortes de « boules ».

Chirurgie esthétique par-ci, consommation par-là

Francine, mère d'une de mes artistes, fière de sa personne et du succès de sa fille, se promène dans les rues de Montréal. Elle rencontre par hasard une amie d'enfance. Les deux femmes, trop heureuses de se retrouver, décident de prendre un verre sur une terrasse. L'atmosphère est à la fête, chaude journée de printemps, ciel bleu, odeur de lilas couronnent cette journée splendide. Les deux compagnes ont du temps à rattraper et beaucoup de souvenirs à se raconter. Denise se rappelle sa compagne du secondaire lors des cours d'éducation physique. Francine lui avait alors confié qu'elle n'osait jamais se changer dans le vestiaire devant les filles, car elle cachait des papiers mouchoirs dans son soutien-gorge pour rehausser son apparence. Cet épisode lointain la fait sourire. Quelques minutes plus tard, la discussion allant bon train, la curiosité de Denise l'emporte sur sa discrétion et la question sort rapidement:

— Sais-tu, j'te regarde et il me semble que tes formes ont pris beaucoup d'ampleur depuis le secondaire?

Avec son vocabulaire aussi cru et toujours aussi direct, Francine répond du tac au tac:

— Ah! T'as vu mes boules?

— Bien... c'est facile à voir avec le décolleté que tu portes!

— J'suis pas mal fière. J'ai consulté un chirurgien il y a un an et après avoir défrayé les coûts de 10 000 $, j'ai pu admirer mes beaux seins tout neufs.

Après quelques verres de vin, les langues se délient:

— J'dois t'avouer une chose. Ce n'est pas pour mon mari que j'ai décidé de passer à l'action, car il ne me regarde plus depuis des années.

— Pour qui alors?

— Pour mon amant. Il est 10 fois plus excité depuis ma nouvelle silhouette.

— Est-ce toi, ton mari ou ton amant qui a défrayé les coûts?

— Ni moi ni mes hommes! Tu ne devineras jamais, c'est grâce à ma fille. Je n'ai pas eu le temps de te parler de ma jeune ado de 12 ans, elle est comédienne depuis l'âge de 4 ans. Une chance qu'elle a obtenu la dernière pub de McDonald. Elle a fait quatre annonces de suite, c'est payant. Là, j'espère juste qu'elle va décrocher un premier rôle dans le prochain film dont tout le monde parle. Je suis due pour un bon *lifting*, j'ai déjà pris rendez-vous avec mon chirurgien-plasticien.

— Wouanh! C'est payant le métier d'acteur.

— Mets-en, en plus on vient de se payer une piscine creusée, puis une décoratrice intérieure va me donner des suggestions pour ma nouvelle cuisine. Il faut bien que ma petite princesse vive dans un beau petit château.

Je suis estomaquée en apprenant ces événements. Ce genre de situation arrive plus souvent qu'on pense.

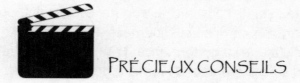

PRÉCIEUX CONSEILS

Je crois bien que ce parent n'a pas placé l'argent de sa fille dans des fonds ou autres genres d'investissement. Elle risque d'avoir de grosses surprises.

Il est important de payer la TPS et la TVQ tous les trois mois sur le salaire gagné par votre enfant selon les gains accumulés. Renseignez-vous auprès de votre comptable. Et surtout, n'oubliez pas de faire annuellement leurs déclarations des revenus. Certains enfants-artistes devenus adultes ont dû défrayer aux gouvernements, à l'âge de 18 ans, des sommes mirobolantes de plus de 80 000 $ pour impôts impayés.

Il n'y a pas seulement les parents qui manquent parfois de jugement, cela peut arriver à certains producteurs comme dans la situation suivante.

Triste surprise
lors d'une Première de film

Félix est très heureux, il s'approche de son frère, l'agrippe et le fait tourner sur lui-même dans une ronde improvisée. Il vient de décrocher son premier petit rôle dans un long-métrage. Toute sa famille et ses amis sont fiers de lui.

Il profite de quatre merveilleuses journées de tournage durant l'été. Il réalise enfin son rêve. Il se lève tous les jours à 4 heures. Il habite en banlieue et il doit être présent sur le plateau à 6 heures. Il conserve le sourire et son enthousiasme, même si parfois il termine ses journées à 19 heures. Le réalisateur est satisfait de sa performance. Félix attend avec fébrilité le moment où sera présentée la Première du film.

Le grand jour arrive. Félix, âgé de 12 ans, s'est mis sur son 31. Il parle de cet événement depuis des mois. Sa mère, son père, sa grand-mère et son frère l'accompagnent. Parents et amis sont de la partie, soit en pensée, soit en chair et en os.

Il marche sur le tapis rouge parmi les grandes vedettes. Il a même signé un autographe sous le regard espiègle de son petit frère. Ses parents sont fiers de lui, la salle est bondée. On présente le réalisateur, le producteur, et on demande aux acteurs de monter sur la scène. Des applaudissements d'encouragement déferlent. Les lumières s'éteignent, le film commence et capte l'intérêt du public.

Après 20 minutes la mère chuchote à son fils:

— Vas-tu apparaitre bientôt à l'écran?

— Oui, maman, c'est dans la prochaine scène.

Après 1 heure...

— Il me semble que tu étais supposé être dans cette scène-là, non?

— Oui, il me semble.

Après 2 heures...

— Coudonc, Félix, on t'a pas vu!

Le film est terminé, le générique passe, les lumières s'allument, deux grosses larmes coulent sur les joues de Félix. Les parents sont abasourdis. Ils essaient de consoler leur fils en cachant leur propre déception, tristesse et colère. À la sortie du cinéma, ce petit être aux épaules voûtées regarde le tapis rouge pour la dernière fois, le cœur lourd et la gorge nouée.

Je reçois un appel le lundi matin à 9 heures précises. C'est la mère qui m'explique la situation. Je suis stupéfaite, sans mots, j'ai les yeux pleins d'eau. J'appelle immédiatement la productrice afin de lui demander des explications au sujet de cette réalité inacceptable.

Elle me répond :

— Oh, excusez-nous, on a été obligé de couper certaines scènes du film... et on a oublié de vous le dire.

Ils ont OUBLIÉ de nous le dire...

Je m'efforce de ne pas faire d'esclandre. J'ai déjà entendu la citation suivante dans un film : «Les gens qui réussissent se font chier par leur patron.»

Alors je me tais, difficilement, mais j'y réussis. Un mélange de tristesse et de rage bouillonne à l'intérieur de mon corps. C'était tout le contraire de Gilbert Bécaud lorsqu'il chantait : «Il y a des moments si merveilleux où l'on voudrait que le temps s'arrête...»

Je pensais plutôt : «Il y a des moments si exécrables où je voudrais que tout s'arrête et, en plus, abandonner le métier d'agente d'artistes.» Disons que le côté humain n'est pas toujours présent dans ce milieu. C'est un monde où tout roule rapidement. Lorsque j'ouvre mon ordinateur, le mot *RUSH* est inscrit presque sur tous mes courriels. Les gens sont toujours pressés et doivent rendre la marchandise vite et bien.

Vous avez maintenant une petite idée des bévues et des drames que peuvent causer toute cette rapidité et cette folie du *show-business*.

PRÉCIEUX CONSEILS

Je suis sans mot. Je n'ai pas de précieux conseils cette fois-ci. Oh, oui peut-être un seul. Répétez aux personnes qui travaillent dans le milieu de dire tous les jours une seule phrase: «Je pratique la lenteur, ainsi je ne ferai pas d'oubli ni d'erreur.» Et surtout, suggérez-leur de mettre en pratique cette maxime.

8.

Anecdotes méli-mélo en rafale

La vérité sort de la bouche des enfants

Un animateur était en train d'interviewer un enfant de cinq ans pendant une émission qui mettait en vedette des enfants chanteurs et acteurs. Il lui demande qui l'accompagne. L'enfant répond:

— Je suis venu avec ma maman et un ami, monsieur Gilbert. C'est le monsieur qui couche avec ma maman quand papa est parti travailler.

La maman et ce monsieur supposément «ami de la famille» étaient dans la salle. Ils ont eu un geste assez rapide: ils ont levé leur bras pour cacher leur visage, ce qui les accusait encore plus. Le réalisateur a dû couper au montage. Il ne voulait pas déchainer la colère du cocu et avoir un meurtre sur le dos. Quand on dit que la vérité sort de la bouche d'un enfant! Heureusement que ce n'était pas une émission filmée en direct.

Sport extrême

Très fier de son courage et de sa performance, un acteur a placé sur Instagram une photo de l'un de ses sauts en moto-cross exécuté la veille. La productrice n'a pas tardé à me téléphoner pour me dire qu'il est DÉFENDU de faire du motocross durant toutes les journées de tournage du comédien. Les assurances ne paient pas en cas d'accident. Imaginez le pire, s'il avait fallu qu'il se blesse sérieusement, il n'aurait pas pu continuer à tourner. De plus, il aurait fallu reprendre, avec un autre comédien, toutes les scènes du film où il apparaissait, et cela aux frais du producteur. Voilà pourquoi tout sport dit «extrême» est interdit aux comédiens pendant leur tournage. On a même défendu à un de mes jeunes de jouer au football.

De $^-30$ ^oC à $^+30$ ^oC

Pour un tournage d'un court-métrage, l'habilleuse avait demandé à une artiste de 13 ans de se vêtir chaudement. La mère avait apporté plusieurs manteaux d'hiver pour donner le choix à la costumière: des tuques, des mitaines, des foulards variés. Sylvie portait des combinaisons sous ses pantalons. N'ayant pas pris de risques, elle s'était munie de couvertures pour se réchauffer entre les prises. Par cette froide journée d'hiver, la mère et la fille étaient prêtes pour se rendre au parc Lafontaine à 5 heures du matin.

Finalement, elle a tourné à l'intérieur. La pauvre petite avait chaud sous les projecteurs, elle n'a pas osé enlever ses combinaisons. Les cheveux lui collaient à la peau. Le texte disait: «petite jupe et cheveux attachés». Elle portait cheveux *lousses* et un pantalon. La scène devait être tournée à l'extérieur et, finalement, on tournait à l'intérieur.

La mère patientait dans la salle d'attente avec sa poche de vêtements d'hiver et ses couvertures. Je ne sais pas si la costumière en avait fumé du bon, mais les consignes étaient contradictoires. Heureusement, la mère et la fille se tordaient de rire sans arrêt au restaurant en se remémorant cette aventure incongrue.

Solitaire malgré elle

Josiane est ravie, enfin elle a la chance de jouer dans un film, une figuration, mais c'est un début. Elle vit dans une petite région éloignée, soit à deux heures et demie du lieu de tournage. Elle n'est jamais allée dans la métropole et réalise ainsi ses deux souhaits: interpréter un rôle et se rendre à Montréal. La mère l'accompagne et celle-ci, trop heureuse de pouvoir découvrir les nombreuses boutiques de la ville, laisse sa fille de 10 ans seule sur le plateau de tournage. Elle est bien entourée de l'équipe technique ainsi que des comédiens. Mais, pauvre petite, elle se sent seule, désemparée, trop impressionnée. Des malaises surviennent, elle a mal au ventre, mal au cœur. Elle participe aux nombreuses scènes en cachant ses douleurs. À l'heure du diner, des rougeurs apparaissent sur son cou, son visage et ses bras. Une crise d'urticaire l'assaille. On réussit à rejoindre la mère qui est dans sa séance de magasinage. On lui demande de venir immédiatement auprès de sa fille. Josiane a dû quitter le plateau et l'assistant-réalisateur l'a remplacée les journées suivantes.

Il est important d'être disponible auprès de son enfant surtout si c'est sa première journée de tournage et dans une ville inconnue.

Les cartes de hockey

Dans un film, un jeune garçon âgé de sept ans regarde des cartes de hockey et, en cachette, d'autres genres de cartes: des femmes nues. Durant la scène, Cédric doit faire semblant d'être extasié par le corps de ces jolies dames. Bien entendu, la production ne peut pas placer ces images compromettantes devant les yeux d'un si jeune enfant. Lors de la répétition, le technicien remet au jeune de simples cartes: roi de cœur, dame de carreau, valet de pique, as de trèfle... rien de très excitant. Mais lors du tournage, l'assistant-réalisateur décide de jouer un tour à Cédric. Il remplace le jeu de cartes traditionnel par des cartes de femmes... avec des poses suggestives mais en maillots de bain, tout de même il ne faut pas trop le traumatiser! Le jeune comédien croyant voir ses cartes habituelles: cœur, carreau, trèfle et pique, fut surpris devant ces femmes aux tenues légères. Il a joué la scène comme si de rien était, avec toutes les émotions requises, en demeurant dans son personnage. Grâce à cette arnaque, des éclats de rire déferlèrent dans le studio et le petit a reçu les applaudissements requis pour son professionnalisme.

Entre la maison et la salle d'audition

Une mère qui part à la dernière minute pour l'audition de son fils lui demande au moins 10 fois de répéter son texte dans l'auto. Elle est nerveuse, lui crie des paroles blessantes, car il se trompe. Ils courent et arrivent 10 minutes en retard. La mère place le chandail du petit, le recoiffe pour une cinquième fois. Je me demande parfois si ce genre de mère a toujours été aussi désagréable ou si elle a suivi des cours pour le devenir...

Dans une autre voiture, une mère accompagne également son fils. Elle chante, elle est en avance. Il ne répète pas son texte. Il arrive à la salle d'audition 10 minutes à l'avance, souriant. La mère le taquine et le décoiffe. Il est facile de deviner quel enfant a le plus de chance d'obtenir le rôle.

J'en vois de toutes les couleurs, des vertes et des pas mûres, des belles histoires et des moins bonnes. Toutes ces anecdotes pimentent mon quotidien.

9.

Nos vedettes se racontent

Je vous ai ouvert toute grande une porte sur plus de 40 ans de ma vie de comédienne, de professeure et d'agente d'artistes. Je voulais connaitre d'un œil extérieur les récits de gens connus d'hier et d'aujourd'hui. J'ai sélectionné ces personnalités, car elles ont vécu diverses expériences de travail directement reliées avec moi ou avec les enfants-artistes de mon agence. Je remercie chaleureusement ces personnes aux belles âmes qui ont pris le temps, malgré leur horaire chargé et la période de vacances, de me relater leurs histoires. Comme à la petite école, les textes se déroulent par ordre alphabétique.

FRANCE CASTEL
Starmania...

Vous vous souvenez sans doute de *Starmania*, opéra-rock de Michel Berger et Luc Plamondon. L'album est sorti en 1978 et, l'année suivante, plusieurs spectacles furent donnés au palais des Congrès de Paris, avec 40 chanteurs, danseurs, musiciens et choristes. En 1980, j'ai eu le bonheur de faire partie de la distribution à la Comédie Nationale de Montréal. J'interprétais le rôle de Stella Spotlight, l'ex-star sex-symbol.

Dans ce spectacle, je formais un duo avec le personnage Sadia, le cerveau des Étoiles Noires. Celle-ci, vêtue d'une robe de mariée noire personnifiait la mort; tandis que moi, Stella, habillée en robe de mariée blanche, je symbolisais l'amour. Nous interprétions une chanson chorégraphiée intitulée «Tango de l'amour et de la mort». Une danse lascive et des attouchements provoquants se succédaient. À un moment propice, durant la chanson, un point d'orgue survenait, c'est-à-dire une note indiquant un silence dont la durée est choisie au gré de l'exécutant. Alors, durant cette pause musicale, l'amour et la mort... s'embrassaient. La pièce était assez avant-gardiste pour l'époque. Les musiciens, certains soirs, en profitaient pour faire le point d'orgue assez long. Je crois qu'ils se rinçaient l'œil, comme on dit, ou s'amusaient à nous jouer un tour.

Un certain soir, lors d'une pause prolongée, on entend dans la salle un cri de dégoût: YACHCHCH... Je crois que cette femme n'appréciait pas notre LONG baiser, surtout entre DEUX FEMMES. Je riais en silence, la musique reprit, la danse voluptueuse se poursuivit. Mais plus les gestes sensuelles se répétaient, plus je riais; je riais de plus en plus fort, et le pire arriva. J'ai commencé à faire «pipi». Oui, j'ai fait «pipi» sur scène. Nous étions rendus à la fin de la chanson, ouf, tant mieux! Heureusement, personne ne s'est aperçu de cette mésaventure.

Il faut s'attendre à tout lorsqu'on présente un spectacle en direct. Nous sommes souvent comparés à des acrobates qui travaillent dans un cirque, sans filet. Le public est un personnage, il fait partie parfois de la pièce. L'improvisation nous aide à vaincre glorieusement ces faits inattendus.

À Drummondville, je jouais dans un théâtre d'été. La pièce s'intitulait «Deux beaux bébés de banlieue, voisines de cuisine». Une grande première était organisée, plusieurs journalistes invités se trouvaient dans la salle. Environ 10 minutes après le début, une pluie torrentielle s'abattit sur la tente où nous jouions. Les éclairs sillonnaient le ciel. Des coups de tonnerre grondaient. Les gouttes d'eau cognaient sur le toit en toile. Nous avions beau crier notre texte, le public n'entendait rien. Nous avions dû changer le scénario, on ajoutait certaines lignes comme : «Mauvais temps aujourd'hui, n'est-ce pas? J'espère que j'ai pensé enlever mon linge sur la corde à linge, il pleut des cordes, c'est le cas de le dire...» Le théâtre entier riait à gorge déployée et les acteurs tentaient de livrer la marchandise, comme on dit, le plus sérieusement du monde. Malgré tout, les critiques ont été excellentes.

Dans un autre spectacle, une panne d'électricité est survenue. Nous avons dû jouer à la chandelle durant une heure. C'est long, une heure sans lumière. Les gens des rangées en arrière ne voyaient pas nos gestes et expressions. Alors, en plus de réciter notre texte, nous racontions presque toutes les actions que nous faisions. Je me gratte le nez, oups, je me suis cognée sur la table, je suis fâchée et je lève mon poing, je t'aime et je te donne un bec sur la joue... ouf! Ce fut l'heure la plus longue de ma vie.

☺

J'ai eu le bonheur de jouer dans plusieurs films dont sept ou huit avec le réalisateur André Forcier. Il me considérait comme sa pécheresse, il disait que j'avais le mot «péché» imprimé sur le visage. Voilà pourquoi il m'offrait souvent des rôles de femmes un peu bizarres.

Dans l'un de ses films, nous tournions une scène à La Ronde, dans la grande roue. Je devais être assise à côté d'un homme qui jouait mon chum, sur l'un des sièges du manège. J'avais dit à André que j'avais le vertige. Il m'avait mentionné qu'il n'y aurait pas de problèmes et que nous étions pour demeurer en bas. Lorsque la scène débuta, je sentis la roue bouger. Oh! non, on monte! NON, ON MONTE! Le réalisateur avait décidé qu'il préférait que ce soit tourné en plein ciel. Il me cria très fort:

— JE T'AI TRAHIE, PÉCHERESSE, MAIS C'EST SI BEAU EN HAUT!

Je poursuivis ma scène, en cachant ma peur, mais avec la rage aux dents. Le métier engendre toutes sortes d'aventures. Soyez même prêt à vivre certaines cascades. Depuis ce temps, je fais ajouter à mes contrats que j'ai le vertige et que je ne joue pas des scènes qui se passent en hauteur.

JOCELYNE CAZIN
Les Belles-Sœurs

Enfant et adolescente, j'aimais jouer, jouer tout court, mais aussi jouer des personnages. D'aussi loin que je me souvienne, j'étais la première à lever la main pour exécuter les saynètes de Noël ou de fin d'année. Être choisie pour interpréter un rôle, n'importe quel rôle, me téléportait dans le bonheur. Mon instinct d'enfant enjouée, trop enjouée parfois, me savait capable d'être à la hauteur. J'avais nettement l'impression que j'étais utile et que l'on m'aimait un peu. Je me sentais valorisée.

Il s'en est coulé de l'eau sous les ponts depuis. Je ne suis pas devenue comédienne mais journaliste, le monde des communications est vaste. Un jour, à l'époque où j'animais l'émission d'affaires publiques J.E. au réseau TVA, en compagnie de mon collègue et ami Gaétan Girouard, un enfant d'une dizaine d'années nous interpelle en nous demandant si c'était nous qui «jouions» dans J.E... (sic). J'aime le jeu, la fantaisie, cela relève du plaisir.

Un samedi soir, alors que je célébrais avec des amis ma nouvelle vie de retraitée, je me suis laissé déranger par le téléphone. Je reconnaissais la superbe voix de l'animatrice Monique Giroux. Elle me proposait de faire partie de la distribution hommage de la pièce de théâtre *Les Belles-Sœurs*, dans le cadre du quarantième anniversaire de l'œuvre de Michel Tremblay.

On peut interpréter les événements comme on veut, mais je me suis servie de cet appel comme étant une première confirmation que je ne m'étais pas trompée en prenant ma retraite si tôt. J'avais 57 ans. C'était trois ans avant d'avoir droit à ma pleine pension. J'avais l'impression que la vie me disait: «Attache ta tuque, ma JO-CE-LY-NE, ce n'est qu'un début.»

Mon intuition était bonne. Denise Filiatrault avait accepté de mettre en scène ce bijou théâtral, en supervisant quinze femmes issues des milieux des communications, de la chanson, de la politique et même du sport. J'étais l'une d'elles.

Humblement, j'ose penser avoir été la plus choyée. Imaginez un seul instant avoir chez vous, en tête-à-tête, un des monstres sacrés de la télévision québécoise qui vous fait répéter le rôle qu'elle-même avait joué quarante ans plus tôt. Je la regardais me faire répéter et je croyais rêver. Elle me donnait la réplique et, comme une adolescente heureuse d'apprendre, je m'appliquais à interpréter le rôle de Rose Ouimet.

Le soir dans mon lit, je me pinçais en savourant ce moment unique: la grande Denise, comme on l'appelle affectueusement dans le milieu artistique, contribuait à mon bonheur de nouvelle retraitée. S'en doutait-elle? Nous avions deux représentations le même jour. À la deuxième, dans un moment dramatique de mon interprétation de Rose Ouimet qui se plaignait des insistances sexuelles trop fréquentes de son mari: «Qu'une femme soye obligée d'endurer un cochon toute sa vie parce qu'un jour... Faut-tu être bête pour élever ses enfants dans l'ignorance de même, non, faut-tu être bête! J'aurais dû rester vieille fille! Au moins j'aurais eu la paix! Mais j'tais tellement ignorante dans c'temps- là, j'savais pas c'qui m'attendait! (...) Maudit cul![3]»

---

3 TREMBLAY, Michel. *Les Belles-Sœurs,* Production Théâtre du Rideau Vert, 2008.

À peine prononcée, une voix dans la salle s'écria: «Ah, l'écœurant!» Cette spectatrice un peu trop émue des révélations de Rose Ouimet souleva une onde de choc. Du silence de mort s'ensuivit un tsunami de rires tous plus tonitruants les uns que les autres.

Je demeurai figée sur la scène, me transformant en statue de sel en haïssant profondément celle qui venait de couper raide mon interprétation. Des secondes «interminnnnnnnables» défilèrent dans ma tête et je me jurais que j'allais finir ce que j'avais si bien amorcé.

Un tonnerre d'applaudissements, accompagné d'une ovation pour ce qui aurait pu se transformer en catastrophe, me donna, bien sûr, le goût d'y revenir.

«Il n'y a pas de hasard, il n'y a que des rendez-vous», nous dit Paul Éluard.

Coup de théâtre! En 2011, la grande dame du Rideau Vert me réclame pour une deuxième expérience, cette fois dans *Les Fridolinades*, de Gratien Gélinas. Monter sur scène en compagnie de gens tout aussi inexpérimentés que moi pour soutenir la fondation du Théâtre du Rideau Vert relevait de la magie, amplifié par la présence énergique de la metteure en scène, Denise Filiatrault.

Il me semble évident que je ne pouvais penser à une meilleure amorce de retraite que celle que m'ont offert ces fantastiques opportunités! Vivre pleinement les moments de grâce qui nous sont offerts, telle est ma devise. Depuis, je répète à qui veut l'entendre: «Il n'y a plus de temps à perdre, il y a trop de temps perdu.»

ISABELLE LAJEUNESSE
Quelle famille!...

Plusieurs expériences de notre enfance nous marquent à jamais. Plus de 55 ans plus tard, je me souviens encore d'une publicité que j'avais tournée à l'âge de cinq ans à Toronto. J'étais très heureuse de prendre le train pour la première fois. De nos jours, les acteurs qui doivent se rendre à Toronto afin de participer à une publicité prennent l'avion. Les agences de publicité possèdent maintenant sûrement plus de budget qu'à l'époque. Ma mère, Janette Bertrand m'accompagnait; elle faisait également partie de l'annonce.

Après plusieurs heures de train, un taxi nous attend, nous nous dirigeons directement à la salle d'essayage. Le lendemain matin, rendez-vous à 6 heures 30 sur le plateau de tournage. Je rencontre l'équipe technique ainsi que les deux comédiennes (la mère et la fille) qui interprétaient les rôles en anglais. Une petite fille de cinq ans, tout comme moi, mais d'apparence différente. On me demande de passer la première. Tous les tests d'éclairage se font sur moi. J'ai dû passer au moins deux heures sous des spots à la chaleur. À l'époque, à Toronto, la réalisation utilisait l'actrice francophone pour les tests. Alors, la comédienne anglophone arrivait fraiche et dispose. Aujourd'hui, dans plusieurs films, on engage des acteurs qu'on appelle doublure pour faire ce genre de travail.

Par la suite, nous nous sommes dirigées, les deux mères et les deux fillettes, à la salle de maquillage et coiffure. La coiffeuse s'appliquait plus longuement à coiffer la petite «Anglaise». Dans mes souvenirs d'enfant, je me trouvais aussi belle qu'elle, malgré le fait que nous n'avions aucune ressemblance physique: une chevelure blonde, longue, avec petits boudins, couronnait sa tête; de mon côté, j'avais les petits cheveux raides, courts, noirs, petite coupe chat. Lors des pauses durant le tournage, le cirque continuait. La coiffeuse sortait une panoplie d'accessoires: deux à trois styles de peigne, des brosses, des pinces à cheveux, du fixatif; tout ce matériel pour la petite blonde, et un seul petit peigne fin pour moi. Je n'étais pas jalouse, je ne comprenais tout simplement pas pourquoi la coiffeuse passait plusieurs minutes avec elle et manifestait aucune attention à mon égard. Je trouvais cela injuste, une grande peine m'envahissait.

— Maman, pourquoi, on ne s'occupe pas de moi?

Ma mère essayait tant bien que mal de m'expliquer, de me rassurer:

— Isabelle, ne t'en fais pas. Toi, tu as les cheveux courts, c'est moins long à coiffer.

Également, j'avais une petite dent qui bougeait et, comble de malchance, devinez quel genre de publicité nous tournions? Une annonce de dentifrice Stripe; celui avec des barres rouges et blanches que les enfants aimaient tant. Ma mère craignait tellement que je perde ma dent avant la fin du tournage. Je devais dire ma réplique avec un grand sourire: «Celle avec des barres rouges?» Et, entre les prises, on devait essuyer de minuscules gouttes de sang qui se retrouvaient sur ma petite dent branlante.

Ce tournage fut éprouvant. Ma mère m'a raconté que je voyais cet événement comme un affront, je ne me sentais pas appréciée, aimée. Je pleurais sans arrêt, j'étais INCONSOLABLE. Le manque de délicatesse de certaines personnes peut soulever parfois des émotions pénibles chez un enfant. Au retour, ma mère m'amena dans un grand magasin à rayons du centre-ville de Montréal et elle m'acheta un magnifique chandail rouge en cachemire pour me consoler. On m'a dit plus tard que cette annonce avait gagné le prix de la meilleure publicité de l'année au Gala Publicité Club.

☺

Le nom de Macaire, est-ce que ça vous rappelle quelque chose? Eh oui, c'était le nom de mon chien dans l'émission «Quelle famille!» Ce téléroman, diffusé à Radio-Canada, où ma mère et mon père, Janette Bertrand et Jean Lajeunesse, incarnaient les parents de l'émission. Cette famille était composée de cinq enfants dont mon frère, Martin Lajeunesse, Robert Toupin, Ghislaine Paradis, Joane Verne et moi-même. Une vraie histoire de famille! Cette série a été en ondes de 1969 à 1974. J'étais âgée de 17 ans, mais je personnifiais une ado de 13 ans. Notre chien familial, Macaire, était extraordinaire. Il demeurait à l'intérieur du décor qui constituait un bas de duplex. Le régisseur le surnommait MONSIEUR et il disait que ce chien écoutait les consignes plus souvent mieux que certains comédiens et comédiennes. Il conservait la même attitude, malgré les reprises et les nombreuses scènes à jouer durant la journée.

Tous les dimanches, nous enregistrions les divers épisodes. Dans le studio, des décors de cuisine, salon, chambre et restaurant étaient construits. Le tout était séparé par des ouvertures désignant de fausses portes. Lors d'une scène, j'étais assise dans le décor du restaurant avec le comédien qui interprétait mon petit chum. Et que vois-je entrer dans le restaurant? MACAIRE! Nous avions beau improviser: «Bon chien, qu'est-ce que tu fais là? Tu t'es sauvé de la maison? Tu viens nous visiter au restaurant?» Mais c'était irréaliste. On a dû reprendre la scène. Ces cinq années furent remplies de pur bonheur!

On me demande parfois si j'avais de la difficulté à mémoriser mes textes. Autant que je m'en souvienne, j'ai toujours eu de la facilité. À partir du moment où j'ai appris à lire, j'étais la répétitrice attitrée de mon père. Je connaissais tous ses rôles par cœur. Ce fut mon école de théâtre. Certains soirs, assise dans la salle où mon père jouait, je ressentais cette pression autant que lui, surtout les soirs de première. Je guettais anxieusement les bouts où il avait certaines difficultés. Je disais, en espérant qu'il réussisse: «Ah, le bout s'en vient, le bout s'en vient...»

Mon père était daltonien, habituellement les gens possédant cette caractéristique ont de la difficulté à différencier les couleurs; mais mon père percevait uniquement le noir et le blanc avec des teintes de gris. Des étiquettes étaient même apposées sur le devant de ses tiroirs. Durant un spectacle, mon père est assis et croise ses longues jambes, on ne pouvait pas les manquer. Oh! que vois-je? Il porte un bas vert et un bas rouge. On entendait chuchoter les gens dans la salle. J'étais un peu gênée, mais il y a des choses plus graves que ça dans la vie.

J'ai le goût de terminer avec une anecdote qui s'est déroulée en compagnie de notre auteure, Louise Hébert. Nous tournions à Toronto une publicité pour les restaurants du Colonel Sanders. Nous interprétions deux agentes de bord. Louise se souvient encore du texte:

— J'suis fatiguée du voyage, ne m'demande pas de faire la cuisine ce soir.

— Mieux que ça. On va passer prendre du Poulet Frit Kentucky.

— Épatant! Le service est toujours de première classe.

— Exactement ce qu'il nous faut. C'est nourrissant et pas cher.

Et, à ce moment-là, le Colonel Sanders devait dire avec son accent bien connu: «DU BON POULET!»

Mais ce cher monsieur, âgé alors de 90 ans, ne savait jamais quand dire sa réplique. En plus il revenait du Japon, il était fatigué, le pauvre, il dormait dans un coin, sur sa chaise. Le régisseur de plateau m'avait suggéré de le pincer en cachette pour qu'il sache à quel moment dire son texte. Alors j'ai dû dire au

Colonel: «I have to pinche you.» On s'est bien amusés! Nous n'avons toutefois pas réussi à connaitre sa recette secrète de poulet frit, aux 11 herbes aromatiques.

Louise se rappelle un autre fait. Elle devait croquer dans un morceau de poulet. Durant le tournage d'une publicité, on doit souvent recommencer la même scène sous divers angles. Donc, Louise devait manger «DU BON POULET», au moins une trentaine de fois. Souvent, la peau du poulet lui restait prise entre les dents. Elle avait trouvé un truc. Elle enlevait une partie de la panure à l'endroit où elle devait croquer. Personne ne s'en est aperçu.

On a su que ce cher bon monsieur fort sympathique est décédé le 16 décembre 1980, soit quelques mois après avoir participé à cette publicité.

Il a commencé sa recette miracle dans son petit appartement et est devenu connu à travers le monde. Alors n'ayez pas peur de vos rêves, voyez grand!

Je vous salue, mon Colonel!

GUILLAUME LEMAY-THIVIERGE
Le Matou...

J'ai eu la chance de tourner en 1985, à l'âge de sept ans avec le réalisateur Claude Jutra, dans son dernier long métrage: «La Dame en couleurs». La trame du récit tourne autour de jeunes enfants qui sont envoyés dans un hôpital psychiatrique. Ils ne sont pas atteints d'une maladie mentale, on décide simplement de les placer dans cet asile, car ils sont orphelins. Au sous-sol, dans un lieu secret, accessible par de nombreux tunnels, une société existe avec leurs propres règlements. Les enfants réussissent à se créer un monde unique.

J'interprétais le rôle de Ti-Cul. J'étais très heureux d'avoir été choisi pour jouer dans ce film. Mon père s'occupait de ma carrière et j'avais la chance de faire l'école à la maison. Donc, j'étais très disponible pour passer des auditions.

J'étais excité face à cette nouvelle expérience. Dans le film, on nous promettait mille péripéties: rencontrer plusieurs nouveaux petits camarades, jouer certaines scènes dans la noirceur, se cacher dans des tunnels. Ce n'était pas du travail pour moi mais un jeu, malgré le fait que je prenais très au sérieux tout ce que l'on me demandait d'exécuter. Je n'avais pas encore de cascades à faire à ce moment-là: pas de parachutisme, trampoline, motocross, roues latérales, salto arrière ou jongleries. ☺

OH! catastrophe! Âgé d'environ sept ans, au début du tournage, je perds une dent, celle de ma «palette» en avant, rien de moins. Oh! misère! On tourne un film un peu dans le désordre, des scènes de la fin du film peuvent être tournées au début ou vice versa. Durant le tournage qui a duré entre deux et trois mois, ma dent a eu le temps de repousser un peu. Alors, la maquilleuse a dû couvrir avec un crayon noir ma dent à chaque scène, afin de donner l'illusion à une dent manquante. Et moi, étant donné que cela me fatiguait un peu d'avoir une dent qui repoussait, je passais mon temps à glisser ma langue sur la dent, ce qui effaçait le maquillage. Le réalisateur, Claude, m'a alors expliqué pourquoi il ne fallait pas que je fasse disparaitre la tache noire sur ma dent. C'est à partir de ce jour-là, avec un bout de dent en moins, et à force de me faire répéter de ne pas passer ma langue sur la dent, que j'ai compris le sens du mot «RACCORD» au cinéma.

Durant le tournage, Claude Jutra souffrait déjà de la maladie d'Alzheimer. Quelques années plus tard, mon frère et moi étions allés dans une ruelle à Montréal. Un homme est sorti sur un des balcons, j'avais peine à le reconnaitre tellement la maladie l'avait changé, mais c'était Claude. Il me lance: «Salut, Ti-Cul!» Ti-Cul était le nom de mon personnage dans le film: «La Dame en couleurs». Mon père m'a alors expliqué que Claude avait eu un «flash» de mémoire et que, s'il m'a reconnu à ce moment-là, c'est probablement parce que notre rencontre et mon rôle l'avaient marqué. C'est grâce à Claude Jutra que j'ai appris mon métier et qu'aujourd'hui je continue en suivant les conseils qu'il m'a donnés. Ce grand réalisateur avait d'ailleurs remporté le Prix Génie pour le meilleur réalisateur de ce film en 1986.

Par la suite, j'ai eu le privilège et le bonheur de jouer dans le merveilleux film inspiré du roman d'Yves Beauchemin et réalisé par Jean Beaudin: «Le Matou». J'interprétais un petit garçon vivant le plus souvent possible dans la rue. Mon personnage insistait pour qu'on l'appelle «Monsieur Émile». Vous vous souvenez sans doute du petit gars aux cheveux longs, turbulent, n'ayant pas la langue dans sa poche et se promenant dans les ruelles avec son gros matou. Plusieurs histoires rocambolesques se déroulaient. Des personnages fantaisistes déambulaient, entre autres autour du restaurant la Binerie, sur le plateau Mont-Royal.

Je me souviens d'un jour, sur le plateau de tournage, on m'a dit que je ne devais pas me laver pour quelques jours... Quel bonheur! J'étais à ce moment-là dans ma phase de «je ne veux pas me laver». Quelle joie j'ai eue de mentionner ce fait à mes parents! ☺

PETIT MOT DE L'AUTEURE:

Merci, Guillaume, pour ta générosité et tout ce que tu apportes aux jeunes grâce à ta Fondation X-QUIVE. Tu es une inspiration pour la relève.

Je ne voudrais pas passer sous silence les nombreux prix que tu as remportés: Prix Gémeaux, Prix Jutra, et dans Karv l'anti-Gala: celui de l'artiste québécois que vous voudriez avoir comme père, et l'année suivant, en 2009, l'artiste québécois le plus «hot». Je dois avouer que j'ai un petit coup de cœur pour ces deux dernières récompenses. ☺

— Et toi, Guillaume, quel est le prix dont tu es le plus fier?

Je suis fier de poursuivre l'œuvre de ma mère, Françoise, avec la Fondation X-QUIVE. C'est elle qui a lancé l'idée de cette fondation. Trapéziste assidue au Gym-X de Saint-Jérôme, ma mère a été marquée par son contact avec les jeunes de l'endroit. Elle a donc pensé créer une banque pour les jeunes qui n'ont pas les moyens de voyager ou de faire des activités qui permettent de s'évader. Il s'agit de leur payer une session, de leur offrir une activité qu'ils aiment.

MARIE-JOSÉE LONGCHAMPS
Rue des Pignons...

Quand je pense aux jours de ma jeunesse, autour du parc La Fontaine, à Montréal, ou quand je passe sur la rue Cherrier, si courte mais si belle, je me souviens de presque tout. L'ambiance chaleureuse, mes parents, mes p'tits voisins, l'école, les amis, le parc, la lumière et même les odeurs.

Depuis toute petite, j'ai toujours la certitude que ce que je ressens, ce que je veux au plus profond de moi, n'appartient qu'à moi et à moi seule. Tout ce qui nous est montré, enseigné, imposé ou suggéré de faire m'ont formée, sculptée, mais ne m'ont pas vraiment changée. Je suis unique, comme vous aussi sans doute, sans modèle de référence. Seule responsable de mes choix, de ma façon de vivre ma vie. Quelle prétention, n'est-ce pas? Mais c'est comme ça.

J'ai comme preuve que, dès mes 7 ans, je m'étais sauvée du couvent. C'était l'époque où on retournait chez nous une fin de semaine complète par mois, du vendredi au lundi matin. Mais une fois, j'avais mordu au sang une petite fille, une vraie «petite vache, cruelle et égoïste», du moins c'est ce que j'avais décidé, parce qu'elle n'arrêtait pas de faire la vie dure à une petite camarade que j'aimais beaucoup. Les «Sœurs» m'avaient *de facto* interdit ma sortie mensuelle qui tombait le lendemain.

Le samedi matin, pensive et seule dans le grand dortoir aux multiples lits simples recouverts de couvertures blanches, j'ai dû sentir l'ange Gabriel se faufiler (c'était mon idole, il était tellement beau et juste!) j'ai alors pris la décision ferme de me sauver malgré les conséquences. Justice devait être rendue. Je donnerais à mes parents la véritable version des faits! Je dois avouer que je m'ennuyais surtout à mourir et mes parents me manquaient. Je me suis donc sauvée par l'escalier de côté, sournoisement, comme si j'allais dans la cour, ensuite j'ai manigancé pour sortir par la grande porte alors que le parloir était fermé et que personne ne surveillait. J'étais comme une espionne en cavale et j'adorais ça. Une espionne en cavale, c'était un personnage parmi un tas d'autres dont mon imagination débordante se nourrissait. Dans la rue, que j'ai traversée tout doucement, je me suis faufilée derrière une grosse dame pour prendre le tramway dont la trajectoire passait devant le couvent, allant complètement dans l'ouest de la ville.

Le conducteur m'a laissé monter, pensant sûrement que j'étais avec la grosse dame. Je me demande même s'il m'a vue, tellement j'étais petite. Rue Ontario coin Plessis était facile à reconnaître, surtout avec la belle grosse église Sacré-Cœur sur le coin. Ma famille habitait juste un peu plus haut. Imaginez-moi, arrivée à la porte, mes parents tout surpris. Je me suis expliquée, en larmes bien sûr, et ils m'ont alors félicitée de ma bravoure! Ils ne m'ont pas grondée du tout. Au contraire, ils ont applaudi mon initiative! Tout ça pour dire que je ne suis pas tombée de n'importe quel arbre génétique. Mon père et ma mère étaient vraiment compréhensifs et originaux.

Je ne faisais pas que des mauvais coups, si on peut appeler ça un mauvais coup. Pas à mes yeux du moins. Loin de là. Je me rappelle qu'on m'avait choisie, entre toutes les petites filles du couvent, moi, à six ou sept ans, afin de réciter le chapelet à la radio de CKAC! Avec le cardinal Léger! Ce fut ma toute première émission de radio. Elle sera suivie par des centaines, en tant que comédienne professionnelle dès mes 16 ans et, plus tard, comme animatrice d'une émission quotidienne.

Je ne peux passer outre un trait de ma personnalité, j'étais très très timide et en même temps fonceuse et persévérante. Je pouvais me cacher des heures pour qu'on m'oublie et me laisse tranquille dans mon coin; parfois tout au contraire, je pouvais sauter par-dessus tous les obstacles afin de me faire remarquer. Je revois ma timidité et l'habitude de me cacher comme un grand besoin de solitude afin de laisser place à tous mes personnages imaginaires. J'étais gourmande d'heures de liberté consacrées à la lecture et l'observation, car «espionner» faisait partie de mes plaisirs. Regarder autour de moi avec curiosité et sans qu'on s'en aperçoive. Pour plus tard mieux imiter et interpréter des personnages? Sans l'ombre d'un doute. Cela m'a servi assez bien, dès les débuts de ma vie de comédienne.

Pour obtenir du travail, une figuration, un rôle, je visualisais mon personnage, je me mettais totalement dans sa peau, dès la première approche avec un réalisateur. Une de mes toutes premières auditions, obtenue grâce à un professeur qui me trouvait prête à jouer et qui était aussi comédien renommé, on m'a demandé si je savais faire de la bicyclette. J'ai répondu oui. On m'a demandé si je savais nager. J'ai répondu oui. En fait, je répondais toujours oui. Et je faisais comme si. Comme si j'avais déjà eu une bicyclette, alors que non, jamais. Comme si je nageais très bien. Alors que non. J'avais décidé que je pouvais faire tout, coûte que coûte. Mon audace m'a servi. Parfois cela a été dur, mais je n'ai pas de regret. Au contraire.

C'est après cette audition, où j'ai obtenu le rôle devant toutes les jeunes comédiennes sortant du Conservatoire, que j'ai joué dans la série *Rue de l'Anse*. Marie-Pierre Farlatte, une ado de mon âge vivant dans un petit village de la Gaspésie. On tournait les scènes intérieures en studio à Montréal et toutes les nombreuses scènes extérieures dans le charmant village des Méchins. C'est là que j'avais une scène où je descendais une très longue côte à toute vitesse en bicyclette. Le personnage de Marie-Pierre avait fait ça des centaines de fois. Une caméra installée à l'arrière d'une camionnette nous filmait dans la descente. Il fallait suivre à la même vitesse, comme une course effrénée entre amis. Pour moi, c'était l'enfer, car c'était vraiment ma première fois. Jamais, jamais je ne me suis trahie et j'ai fait comme si je faisais ça tous les jours... dans ma tête du moins. Cela s'est gâché à la toute fin, au bout du tournant de la pente qui n'en finissait plus. Tout d'un coup, en une seconde, la peur a pris le dessus. Je suis tombée d'une manière spectaculaire, juste comme le plan du *travelling* venait d'être coupé. Ouf!

Par la suite, j'ai continué et malgré ma réserve et ma timidité, je fonçais tout autant. Drôle de contradiction! Vers mes 15 ans, je me sauvais de l'école (encore!) pour aller faire de la figuration: un jour par les escaliers de sauvetage pour ne pas qu'on me voit dans le grand corridor. Mais je me préparais, j'étudiais, je me concentrais, me levais aux petites heures pour apprendre, lire, faire mes devoirs. Pour tous les rôles que j'ai interprétés par la suite, jamais je ne me suis contentée d'apprendre et d'interpréter le texte. J'ai toujours «vécu» mes personnages comme s'ils devenaient moi. Ce n'est pas toujours la meilleure méthode, je le sais, surtout si on doit recommencer une scène de multiples fois. Il existe différentes techniques afin de ne pas se «vider» totalement pour aller au bout de la journée de tournage. J'ai appris à m'ajuster par la force de l'expérience. Pour préciser auprès de vous, je suivais des cours depuis déjà mes 10 ans et j'ai toujours étudié. Le jeu, la danse, le chant, le mime même. Et je continue d'apprendre et de jouer. J'ai même conçu un spectacle de A à Z où je joue seule sur scène pendant près de deux heures. J'y joue différents personnages, je chante, je danse... tout ce que j'ai en moi et que j'aime partager avec le public. Il vient et souvent revient. Le bonheur!

Quand on m'a contactée pour le rôle de Janine Jarry dans *Rue des Pignons*, je n'ai rien eu à passer comme entrevue, aucune audition! J'avais 17 ans et je jouais au Théâtre la Marjolaine à Eastman cet été-là. On m'a téléphoné, on m'a expliqué le personnage et dit que l'auteur tenait absolument à ce que ce soit moi. On me voulait pour toutes les émissions, c'est-à-dire 37 sur 37. Est-ce que j'acceptais? Point!

L'auteur de la série s'appelait Louis Morissette. Pas celui qu'on connait maintenant, un autre, grand et renommé, auteur de séries dramatiques très populaires autant à la radio qu'à la télévision. Il m'avait vue sur scène alors que je participais à des récitals de fin d'année de cours d'art dramatique; dans *Rue de l'Anse* et aussi dans la série *De 9 à 5* où je jouais une adolescente de mon âge. L'auteur Marcel Dubé avait écrit le rôle pour une ou deux présences. Mais j'ai dû l'inspirer quand il m'a vue à l'écran, car j'y ai joué un grand nombre de fois par la suite. Donc pour Louis Morissette, je n'étais pas une inconnue. Quand «l'autre Louis», Louis Bédard en fait, réalisateur de *De 9 à 5* lui a suggéré mon nom pour personnifier Janine Jarry, Louis Morissette, emballé, lui a rétorqué: «Marie-Josée, c'est elle, MA Janine!» Il l'a ensuite répété dans tous les medias qui l'ont interviewé pour parler de cette nouvelle série. Elle a été la plus populaire, regardée, aimée, émission-phare de toute une génération. Elle a duré presque 11 ans! J'y ai joué, je devrais dire *vécu* toutes sortes de scènes à travers les années.

Mais une dont je me souviens en riant est celle où l'auteur avait écrit: ils s'embrassent «goulûment». C'était la seule note au texte. Comme on tournait du direct, pas question de recommencer si on faisait une erreur, à moins de tomber raide mort ou presque, sinon il fallait reprendre toutes les scènes. Ma scène se passait dans un restaurant où mon prétendant, joué par l'excellent et beau Réjean Lefrançois (on était tous beaux et jeunes!), et moi s'embrassaient goulûment. Mais, disons les choses, j'ai toujours eu de la misère avec les baisers à l'écran. Embrasser sur la bouche est quelque chose de très intime. De plus, quand TON personnage doit embrasser, il embrasse une vraie personne, ton partenaire. S'il y a des atomes crochus, c'est encore plus délicat, à mon strict point de vue. Il faut savoir le quand, comment, pourquoi, de ce baiser pour qu'il soit réaliste et bien rendu. Mais nous, à l'époque, on a juste su que c'était «goulûment». Alors on se lance pendant la scène. On bouge nos têtes dans le mouvement de la passion, on se serre, on s'embrasse comme on voit pas mal aujourd'hui. Je suis rouge comme une tomate, j'ai chaud, il me semble que ça ne finit plus...

Finalement, je regarde l'émission comme tout le monde le mardi soir et que vois-je? Moi, toute passionnée et un beau gars aux grands bras... qui me serre fougueusement. On se balance un peu dans le feu de la passion qui nous habite. On ne voit pas les bouches dans les jeux de caméras, sauf des dessus de têtes et ma grande chevelure qu'était la mienne! J'étais vraiment déçue et presque indignée. Je m'en suis remise et j'en ris maintenant juste à y penser. Cette scène passionnée avait fait beaucoup jaser dans les chaumières et les salons de coiffure.

Conclusion. On ne se change pas, faut-il croire, car je suis toujours comme ça, même à un âge certain. La passion et l'amour, associés au travail et au talent, c'est ça qui m'habite encore et encore. Je reste ce que je suis. Je joue et vis à fond! J'observe, j'espionne encore. *Shut!*

MAHÉE PAIEMENT
Bach et Bottine

Âgée de 10 ans, je réalise enfin mon rêve, celui de jouer dans un film. Tout a commencé lorsque je suivais des cours de théâtre chez Louise Hébert, à Saint-Eustache. Les divers jeux d'expression, d'improvisation et la complicité avec mes camarades confirmèrent mon besoin de faire ce métier. Louise disait que j'avais un talent naturel.

Le réalisateur André Melançon cherchait une voix pour de la postsynchronisation dans le film *Opération Beurre de Pinottes*. Louise m'envoya passer l'audition. Je n'ai pas été retenue, car ma voix rauque de l'époque ne correspondait pas au personnage du film. Mais lors de l'entrevue, le réalisateur me demanda si je voulais passer une audition pour un premier rôle dans le film *Bach et Bottine*. Plus de 2,400 fillettes recrutées dans différentes écoles primaires se présentèrent pour un bout d'essai. Après la troisième audition, il restait seulement quatre jeunes filles. Nous passions des journées entières ensemble. Le but n'était pas seulement de vérifier notre talent de comédienne mais également de savoir si nous étions capables de posséder une énergie constante, d'être persévérante et patiente. Après quelques jours, je reçus l'excellente nouvelle: j'avais obtenu le rôle.

Le réalisateur trouvait que j'avais une certaine ressemblance avec le personnage de Fanny: espiègle, dynamique, joie de vivre, vivacité d'esprit, volubile, sympathique, sensible et, surtout, je démontrais un amour fou pour les animaux. J'étais vraiment très heureuse et excitée. J'éprouvais un sentiment de fierté, j'avais peine à croire que j'avais été choisie parmi des milliers de petites filles. J'étais consciente qu'une grande aventure commençait, sans toutefois me douter de tout ce qui m'attendait. Cette expérience a énormément influencé le cours de ma vie, j'aime croire qu'elle faisait partie de mon destin.

Lors de ma première journée de tournage, je me suis levée aux aurores pour être sur le plateau à 6 heures. J'étais émerveillée par l'atmosphère, le contact des comédiens, les nombreux techniciens, le décor vieillot, les réflecteurs, les caméras, les nombreux fils par terre. Ce n'était pas le temps de courir partout. Plusieurs personnes s'activaient de tous bords tous côtés. Le plateau ressemblait à un ballet dansant où chacun connaissait sa chorégraphie. Je me sentais comme un poisson dans l'eau. Après les présentations d'usage, je fis la connaissance des petites bêtes qui cohabiteraient avec moi durant plusieurs semaines de tournage.

J'interprétais le rôle de Fanny, petite orpheline dont les parents étaient décédés dans un accident d'auto. Sa grand-mère l'avait prise en charge mais ne pouvait plus la garder auprès d'elle. L'oncle Jean-Claude représentait sa dernière ressource. La petite s'en va vivre chez son oncle, vieux garçon grincheux, dont l'unique passion est la musique de Bach. Elle sème le désordre dans l'existence bien ordonnée de celui-ci par sa forte personnalité et son animal de compagnie assez particulier, une mouffette.

Dans une scène, par une glaciale soirée d'hiver, Fanny a pitié des petits animaux qui vivent dans le hangar. Pour les protéger du froid, elle a la brillante idée de les héberger dans la maison de son oncle. Une douzaine d'animaux se retrouvent dans la cuisine: chats, chiens, coqs, poules, lapins, oiseaux, souris, tortues...

Désespéré, son oncle lui demande:

— Fanny, veux-tu juste m'expliquer, pourquoi t'as besoin de tant d'animaux?

— PARCE QUE JE LES AIME PIS PARCE QU'ILS SE LAISSENT AIMER, EUX AUTRES[4].

La scène se poursuit et, à un moment propice, le coq devait chanter cocorico, cocorico et dans le scénario, je devais dire, de façon autoritaire:

— TOI, TAIS-TOI.

Quand est venu le temps de filmer le moment de gloire du coq, au signal du dresseur, celui-ci ne voulait pas chanter. L'entraineur avait beau essayer tous ses trucs, rien à faire, le

---

4 Film *Bach et Bottine*, Productions La Fête, 1986.

volatile restait silencieux. Fanny ne pouvait donc pas dire sa réplique: «Toi, tais-toi.»

Finalement, après plusieurs efforts de la part du spécialiste, le coq s'est mis à chanter cocorico, cocorico, cocorico, cocorico, cocorico, cocorico, cocorico. C'était la fête pour lui, mais pas pour l'équipe. Nous avions d'autres scènes à tourner. J'avais beau dire ma réplique sur tous les tons: «Toi, tais-toi. Toi, tais-toi», le coq ne voulait plus arrêter. On a dû le sortir de l'appartement pour continuer à tourner. Ce n'est pas toujours évident de jouer avec des animaux.

Voici une autre anecdote vécue lors du tournage. Mon animal de compagnie, une mouffette prénommée Poupoune faisait partie de plusieurs scènes du film. Par malheur, elle est décédée pendant le tournage. Il fallait en trouver une semblable, opérée et dressée. Les mouffettes ne sont pas toutes identiques, détrompez-vous, elles ont toutes des caractéristiques bien particulières. Après plusieurs tentatives pour trouver l'actrice animale idéale, on a dû se résoudre à reprendre plusieurs scènes dans lesquelles Poupoune figurait.

Après la fin du tournage, j'ai dû manquer plusieurs semaines d'école pour faire la promotion du film. Émissions de radio, télévision, festivals de films se succédaient... Heureusement, mon professeure Jocelyne et le directeur de l'école Michel étaient très conciliants. Je fréquentais une école alternative, il était plus facile de récupérer la matière.

Cette aventure fut une expérience marquante et enrichissante. J'ai rencontré des personnes remarquables dont l'équipe des comédiens, le producteur Roch Demers et le réalisateur André Melançon. Ce dernier ainsi que l'acteur Raymond Legault (l'oncle dans le film) furent des figures masculines importantes dans ma vie. J'ai la chance et le privilège d'être toujours en contact avec eux.

J'espère que vous aurez le plaisir de voir ou de revoir ce merveilleux film et, surtout, de le partager avec bonheur avec vos enfants. Et qui sait, peut-être verra-t-on un jour *Bach et Bottine, la suite*, 30 ans plus tard...?

FRANCE CASTEL

© Julie Perreault

Adorable France avec sa bonne humeur, 2015

Dans *Starmania*, rôle de Stella Spotlight, 1980. Tango de l'amour et de la mort

Groupe *Les Belles-Sœurs*. Théâtre du Rideau Vert, 2008

© François Laplante Delagrave

JOCELYNE CAZIN

© François Bergeron

© François Laplante Delagrave

Notre énergique et polyvalente Jocelyne en 2015

Jocelyne dans le rôle de Rose Ouimet. *Les Belles-Sœurs*

Isabelle à 5 ans,
dans sa première publicité

La pétillante Isabelle en 2015

ISABELLE LAJEUNESSE

Isabelle dans *Quelle famille !* à 17 ans

AVEC NOUVELLE GRAVURE NUMÉRIQUE

LE MATOU

LA BINERIE

TIRÉ DU ROMAN
À SUCCÈS DE
YVES BEAUCHEMIN

© Justine Héroux productrice

ALLIANCE VIVAFILM

Guillaume dans
Le Matou, 1985

© Julien Faugère

GUILLAUME
LEMAY-THIVIERGE

L'homme à 100,000 volts

FONDATION X·QUIVE

Une partie des profits
de la vente du livre sera
remise à la fondation
X-QUIVE.

Guillaume, trente ans plus tard

Marie-Josée, notre généreuse comédienne, chanteuse, narratrice, 2015

MARIE-JOSÉE LONGCHAMPS

Marie-Josée dans le rôle de Janine Jarry
dans *Rue des Pignons*, 1967

André Le Coz

MAHÉE
PAIEMENT

Notre belle comédienne et femme d'affaires,
Mahée Parfums 2015

Mahée dans *Bach et Bottine*, 1986.
Conte pour tous #3, Production La Fête

Affiche du film

Concours Miss Sanair,
monologue femme de
ménage

Louise à ses cours de diction à 3 ans

LOUISE HÉBERT

Non ce n'est pas la PACER
à transmission manuelle.
Louise comédienne dans *Blanche*

La crème des artistes

© Serge Therrien

Logo *Formation Louise Hébert*.
Mon fils Pierre-Luc à 10 ans

Douze élèves dans *Blanche-Neige et les sept nains* à la Stanislavski (Festival de théâtre à Abbotsford), 1991

La pièce à la manière de Brecht

La pièce à la manière d'Artaud

Gala 10e anniversaire à la Place des Arts, 1994

10.

Avantages et désavantages du métier d'acteur

Avantages

☺ *Estime de soi*

Selon certains parents, leur enfant a acquis une meilleure estime de soi. Le fait de passer des auditions développe leur confiance en eux. Ils doivent se présenter devant des inconnus et vaincre leur timidité. Également, apercevoir sa binette au petit écran, voir son nom écrit au générique, favorisent une certaine valorisation.

☺ *Débrouillardise*

Les jeunes développent leur débrouillardise et leur autonomie. Ils doivent apprendre leur texte à temps. Ils sont parfois seuls sur le plateau de tournage; ils doivent être capables eux-mêmes de demander un renseignement au réalisateur.

☺ *Expression des émotions variées*

C'est amusant de se mettre dans la peau de divers personnages. Cela peut devenir une thérapie. En exprimant diverses émotions, l'acteur se libère de son vécu quotidien.

☺ *Apprentissage du travail en équipe*
et habiletés à faire des concessions

Si on demande à l'artiste de porter un chandail rose et qu'il n'aime pas le rose, tant pis: il doit s'adapter. Il ne doit surtout pas avoir peur du ridicule.

☺ *Travail lucratif*

Habituellement, les acteurs sont assez bien rémunérés. En 2015, une figuration rapporte 193 $ par jour de tournage. Le salaire pour un rôle parlé dans une publicité peut atteindre plus de 1 800 $ par jour. Ce qui est bien dans le milieu des acteurs contrairement au milieu des mannequins, c'est que les tarifs de base sont fixes. L'agent peut demander une augmentation selon le type de rôle ou l'expérience du comédien. Il est suggéré de placer une partie de l'argent gagné par les enfants dans des régime d'épargne-études (REEE). Cela évite de tout dépenser. Certains enfants peuvent décrocher jusqu'à 50 000 $ et plus par année.

☺ *Discipline*

Le fait de devoir apprendre des textes, se lever tôt pour se rendre à un tournage, concilier école, loisirs et travail, tout cela incite le jeune à fournir des efforts et à se discipliner s'il veut exceller dans tout.

☺ *Reconnaissance*

Cela fait toujours plaisir de se faire remarquer et complimenter. Accorder des autographes aux gens qui nous reconnaissent entraine une certaine fierté. Sentir qu'on est apprécié, aimé de nos fans nous comble au plus haut point.

☺ *Voyages*

Certains tournages se font à l'étranger. Dernièrement, quelques artistes sont allés tourner leur publicité au Chili, en Floride, à Vancouver ou à Los Angeles. Toutes les dépenses sont défrayées:

avion, hôtel, repas pour l'artiste et le parent accompagnateur. Vivre luxueusement un certain temps parmi le «jet set» génère une certaine euphorie.

Le métier d'acteur comporte, par contre, des côtés moins reluisants. Je ne voudrais pas dissimuler les dures réalités de ce milieu. Voici quelques inconvénients de cette profession.

Désavantages

☹ *École et travail*

Des absences de l'école ne peuvent être évitées afin de permettre aux jeunes de participer aux auditions et aux tournages. Les parents accompagnateurs doivent faire preuve d'une grande disponibilité, car ils vivent la même situation en rapport avec leur travail. Cela implique toute la famille, surtout lorsqu'il y a de jeunes enfants qu'on doit aller chercher à la garderie.

☹ *Conduite dans la circulation*

Les auditions ont lieu parfois entre 16 et 18 heures afin de s'adapter à l'horaire des étudiants. Elles ont lieu à Montréal, et les gens qui habitent sur la Rive-Sud ou la Rive-Nord doivent parfois conduire une à deux heures pour se rendre à bon port. Après le bout d'essai d'une durée d'environ trois minutes, ils doivent refaire le trajet du retour.

☹ *Horaire difficile*

Les tournages débutent souvent dès l'aurore, 5 ou 6 heures et peuvent se terminer à 18 ou 19 heures. Heureusement, l'Union des Artistes protège les enfants et régit le temps de tournage quotidien maximum, selon l'âge des participants.

☹ *Taquineries*

Les jeunes à l'école peuvent se moquer des prestations des artistes. Est-ce par jalousie? par méchanceté? Avec la venue des réseaux sociaux, certains en profitent pour lancer des flèches bien acérées au sujet du talent d'un tel ou d'une telle. Le jeune doit posséder une forte personnalité pour passer outre à ces paroles blessantes ou à ces écrits offensifs.

☹ *Perte de la vie privée*

Il est parfois difficile d'être totalement soi-même dans les lieux publics. On se sent dévisagé, analysé comme un rat de laboratoire. Le regard des autres peut parfois épuiser.

☹ *Rejet*

Ce n'est facile pour personne d'apprendre qu'on n'a pas obtenu un rôle tant convoité, surtout lorsqu'on était dans les finalistes et qu'on a dû se présenter une deuxième, ou même une troisième fois pour la même audition. Un de mes jeunes âgé de 10 ans avait fait une analogie avec un gâteau au chocolat. Il avait dit à sa mère:

— C'est comme si on me donnait un gros morceau de gâteau au chocolat, il est devant moi et je ne peux pas y goûter. Ensuite, on me l'enlève complètement.

C'est parfois frustrant et même triste de vivre des refus. J'ai le goût de vous dévoiler cette magnifique citation que j'ai lue dans le livre *Le Bonheur et autres mystères...*, de Marc Fisher:

«Attendons à demain pour être malheureux. Le lendemain, la nouvelle me parait parfois aussi mauvaise sans doute, mais souvent moins importante. Et puis, d'autres choses ont pu se passer pendant la journée, j'ai parfois eu, pour contre-balancer la mauvaise nouvelle, une bonne nouvelle[5]. »

Je me sentais coupable parfois de faire ce métier d'agente d'artistes. Je mentionnais à une amie qui est psychothérapeute

---

5 FISHER, Marc. *Le Bonheur et autres mystères... suivi de La naissance du millionnaire*, Éditions Un monde différent, 2000, p. 24.

que j'avais l'impression d'être un transmetteur de mauvaises nouvelles. Je rendais heureux seulement un enfant sur 10, celui qui avait obtenu le rôle. J'étais triste, moi qui veux tellement faire plaisir à tout le monde. Elle m'a répondu:

— Ne t'en fais pas, Louise, ces expériences vont les rendre plus forts, ils vont être habitués à subir des refus et, à l'adolescence, ils n'auront pas le goût de se jeter en bas d'un pont à la moindre peine ou frustration.

Ces paroles m'ont réconciliée avec mon métier.

11.

Comment réussir le métier d'acteur en 15 points

Pourquoi certaines personnes réussissent-elles et d'autres non? Celles qui ne réussissent pas ont parfois laissé tomber leur rêve trop tôt ou elles se sont laissé décourager par d'autres. Ce n'est pas seulement une question de talent, d'expérience, d'intelligence, mais c'est aussi une question de témérité, de patience, de volonté et, surtout, de PASSION. Les personnes qui désirent devenir acteurs se lancent souvent dans l'aventure pour les mauvaises raisons. Et quelles sont ces mauvaises raisons?

Les acteurs en herbe aspirent à devenir des «vedettes». Ils s'imaginent qu'être reconnus et adulés du public les rendra plus heureux. Ils veulent parfois remplacer l'amour non reçu plus jeune de leurs parents et amis par l'amour du public, des auditeurs, des cinéphiles. Ils se rendent compte que cette consécration ne vient pas du jour au lendemain. Et si jamais ils deviennent reconnus, cela ne veut pas dire qu'ils continueront à obtenir des rôles. C'est à ce moment-là qu'ils seront déçus et qu'ils devront descendre de leur piédestal.

Une autre mauvaise raison pour faire ce métier est de vouloir l'exercer pour devenir riche. Oui, il est vrai que certains contrats peuvent générer des revenus très intéressants, mais ce n'est pas nécessairement régulier. Il y a parfois des temps morts, sans travail. C'est désolant de faire ce métier pour les mauvais motifs, il y a des périodes de l'année où c'est plus tranquille, pendant des mois, voire des années, pour certains.

Voici donc 15 points pour réussir le métier d'acteur.

1. Leidenschaft, gairah, pasja, страсть, tutku, tình yêu

Non, ce n'est pas du français, mais attendez un peu: c'est passionnant.

Si je vous demandais de choisir entre un million de dollars et le métier d'acteur et que vous choisissez l'argent, alors, renoncez à cette carrière. Si vous répondez le métier d'acteur, alors vous êtes fait pour ce travail, car vous avez la passion. Choisissez un métier qui vous allume, qui vous fait vibrer. Ainsi, vous aurez la volonté de persévérer et vous réussirez. Également il est très important de respecter vos valeurs. Si vous aimez travailler en solitaire, vous n'apprécierez pas le travail d'équipe au quotidien. Si vous préférez vous coucher tôt, n'acceptez pas un travail au théâtre. Si vous aimez passer incognito, alors restez caché et faites du doublage. Si vous êtes casanier, refusez un rôle qui vous amènera à voyager. Vos valeurs profondes doivent être en symbiose avec votre passion.

Les six mots signifient PASSION, en allemand, en indonésien, en polonais, en russe, en turc et en vietnamien.

2. Trouvez un bon agent

Informez-vous auprès de votre entourage, amis, acteurs, directeurs de castings, réalisateurs, afin qu'ils vous conseillent sur le choix de votre agent. Ils pourront vous donner quelques noms et ce sera à vous de décider si la chimie est bonne.

Attention aux agences malhonnêtes. Méfiez-vous des annonces classées dans les journaux ou à la radio. Certaines vous font miroiter des contrats dans des films aux États-Unis. À la fin, on vous demande 9 000 $ pour suivre une formation d'acteur. On ose également vous suggérer de vous rendre en Californie à vos frais pour rencontrer des producteurs qui vous donneront des contrats potentiels. Également, on peut vous solliciter pour participer à des séances de photos afin de voir votre binette dans divers magazines. Votre investissement part en fumée et vos photos demeurent dans leurs tiroirs. Les agences sérieuses n'utilisent pas ce moyen pour attirer leurs artistes. Habituellement, le coût raisonnable annuel pour faire partie d'une agence peut se situer entre 300 $ et 500 $ incluant la session de photos et les frais administratifs.

L'agent doit croire en vous, en votre potentiel, il doit être convainquant pour vous dénicher des auditions et des rôles et être à l'aise pour négocier des contrats. Il doit vous comprendre, faire preuve d'empathie. Le fait de porter plusieurs chapeaux peut être un atout. J'ai plusieurs cordes à mon arc, je ne suis pas seulement une administratrice, mais je comprends les acteurs, car je suis comédienne; je suis maman, donc je peux me mettre à la place des parents; je suis parfois mère-poule. Lors d'un tournage dans un parc, les acteurs devaient être assis sur des estrades et regarder une joute de soccer à 5 heures 30 du matin. Je leur ai suggéré d'apporter un petit coussin et des couvertures pour se réchauffer entre les prises. Ils ont beaucoup apprécié être à la chaleur, comparativement aux jeunes d'autres agences qui ont gelé.

Une personne du milieu m'a déjà dit: «Je n'ai pas été mère-poule pour ma fille, je ne commencerai pas à l'être pour les acteurs.» Cela m'a profondément blessée. Je suis contre sa façon de penser. Au contraire, il faut les protéger et être prévenante, c'est ça aussi être une bonne agente. De plus j'ai une maitrise en enseignement du théâtre. Je peux facilement diriger le jeu d'acteur de mes jeunes. Il faut être intuitif, faire preuve d'empathie envers ses artistes, aller chercher de nouveaux contrats. Je ne dis pas que j'étais la meilleure des agentes d'artistes pour les jeunes, mais disons que tous ces atouts ont porté des fruits. ☺

3. Suivez des cours

Certains acteurs, parce qu'ils ont décroché une publicité facilement, s'imaginent qu'il en sera toujours ainsi. Pour un premier rôle dans un film ou une télésérie, il est préférable de se faire *coacher*. Si vous avez eu la brillante idée de suivre une formation en jeu d'acteur devant la caméra, vos chances d'obtenir un rôle augmenteront. C'est comme dans le sport: si vous voulez gagner une compétition de plongeon et que vous décidez de pratiquer vos sauts la veille, vous aurez peu de chances de remporter la victoire. Même les plus grands comédiens continuent de perfectionner leur art.

Plusieurs écoles offrent des cours intéressants sur divers sujets: lecture, compréhension et analyse du texte, diction, respiration, gestuelle, improvisations, création du personnage... La formation dans les domaines connexes: danse, chant, musique, et la pratique de certains sports peuvent augmenter vos chances.

La mémoire s'apparente à un muscle. Il s'atrophie si on ne l'exerce pas. Malgré les périodes où vous ne travaillez pas, continuez de perfectionner votre mémoire. Apprenez par cœur des poésies, mémorisez quelques répliques de vos films préférés. N'oubliez pas que votre corps est votre outil de travail.

4. Ayez une bonne communication

Il est important de soigner votre langage et votre diction. Comme je l'écrivais au début du livre, parler sur le bout de la langue, c'est peut-être bien mignon à 4 ans, mais à 14 ans, ce n'est pas *cute* du tout. Suivez des cours s'il le faut, lisez à voix haute tous les jours. Un pianiste répète ses gammes; le chanteur, ses vocalises; l'acteur, ses exercices de diction et lecture.

5. *Gardez-vous en forme physiquement et mentalement*

Le mot *santé* vient de l'indien *shanti*, qui signifie paix intérieure. Dans ce milieu comprenant des heures variables et longues, une santé parfaite à tous points de vue s'avère nécessaire pour maximiser pleinement votre journée et votre réussite. Votre corps est votre instrument de travail. Le métier de comédien est un métier physique, il est primordial de conserver en bon état son enveloppe, c'est ce que le public voit en premier. Je remarque que certains jeunes vieillissent mal, ils ne pratiquent aucun sport, font de l'embonpoint, ne se nourrissent pas sainement, ne dorment pas assez, ne vont pas voir le dermatologue en cas d'acné. En plus de bien vous nourrir, il est primordial de boire beaucoup d'eau quotidiennement, car la déshydratation est le premier facteur de fatigue.

Certains subissent des petites déprimes, donc, ils ne sont pas au maximum de leur condition physique. Votre attitude mentale peut déterminer l'obtention ou non d'un rôle. Si vous êtes contrarié, nerveux, votre concentration ne pointera pas à l'horizon et le succès de votre audition s'envolera. Lors des entrevues, ayez un esprit calme, soyez en forme et souriant afin de mettre toutes les chances de votre côté et décrocher le rôle. Je suggérerais aux parents de ne pas soulever des discussions conflictuelles avec leur enfant avant de partir et, surtout, de ne pas critiquer la circulation durant le trajet. L'énergie doit demeurer positive afin que le jeune garde toute sa concentration et sa bonne humeur.

6. Restez zen

Le trac est souvent une des causes majeures d'un rôle non obtenu. Prenez le temps de respirer avant une audition. Il existe plusieurs techniques de relaxation, méditation, yoga ou taï chi pour vous aider à vous sentir plus zen.

Vous trouverez plusieurs livres à ce sujet, mais j'ai le goût de vous dévoiler deux exercices simples à pratiquer.

- Respirez comme un bébé, en gonflant le ventre, en comptant 4 secondes; puis, retenez votre respiration 4 secondes et expirez 4 secondes. À faire plusieurs fois avant une audition. Vous pouvez augmenter le nombre de secondes selon votre capacité.

- Le deuxième exercice s'intitule le *palming*. Il s'agit de placer vos coudes sur une table et de recouvrir doucement vos yeux avec la paume de vos mains. Relâchez vos épaules et les tensions en pensant à des choses agréables.

Votre audition n'est pas une question de vie ou de mort. Alors, soyez dans le moment présent, relaxez et amusez-vous.

7. Lâchez prise

Faites comme si vous possédiez la naïveté de votre première audition. Vous n'avez pas d'attente, vous êtes détendu. Cela me fait penser lorsque je joue aux quilles après plusieurs années d'arrêt. Je lance ma première boule et je ne sais pas pourquoi, j'obtiens toujours un abat. Ensuite, lorsque je veux recréer cet exploit, je place mes doigts avec précision sur la boule, je regarde attentivement l'allée, je me concentre si fort que j'en deviens crispée, je me penche et glisse rapidement la boule et oh, malheur, c'est le dalot.

C'est souvent le cas lorsqu'on veut trop. La même chose en audition : on désire absolument obtenir le rôle, on veut bien faire, on n'est plus nous-même, on a tendance à en mettre trop et on ne décroche pas le rôle. Cela s'avère aussi vrai pour les parents des enfants-acteurs. Cessez de leur donner des conseils juste avant l'entrevue, dites-leur simplement: AMUSE-TOI, comme si tu allais patiner, glisser ou nager.

Voici une autre suggestion: lorsque vous avez terminé votre audition, cessez de ruminer en vous disant: «Oh, j'aurais dû dire ma phrase de telle façon. J'aurais dû parler plus vite, plus fort...» C'est TERMINÉ. Alors, pourquoi vous torturer avec toutes ces pensées? Oubliez tout, lâchez prise.

8. Soyez bien préparé

Afin d'avoir moins le trac, il est important d'être bien préparé. N'hésitez pas à demander des renseignements précis: date, heure, lieu de votre audition, mais également les dates de rappel et de tournage afin d'être certain de votre disponibilité. Transformez-vous en détective. Faites des recherches sur le Web au sujet du film ou de la télésérie, du réalisateur, des autres personnages.

Un parent avait montré à son enfant les photos des autres comédiens qui participaient au film. Ainsi, l'enfant était mieux préparé, se sentait plus sécurisé, car il avait vu les gens qui allaient l'entourer. Il ne faut pas seulement apprendre ses répliques, mais il faut aussi analyser son texte, comprendre son personnage, avoir lu le scénario au complet au cas où on vous demanderait de lire sur place le texte d'un autre rôle. Pour maximiser vos chances, allez chercher un regard extérieur, l'avis d'un professeur d'expérience. Lors de l'entrevue, ayez confiance, ne dites pas: «Je suis nerveux, je ne suis pas bon.» Gardez un langage positif et misez sur vos forces et vos talents. Il est préférable de ne pas trop parler lors de votre audition. Concentrez-vous sur votre performance et démarquez-vous en ajoutant une petite touche personnelle.

Votre apparence est aussi importante. Portez des vêtements confortables. Essayez d'avoir une tenue qui correspond au rôle demandé. Je ne vous dis pas de porter un costume de pompier si vous auditionnez pour un rôle de pompier, mais à ce moment-là, portez des vêtements sport plutôt qu'un habit chic. Préparez vos vêtements la veille, repassez-les, polissez vos chaussures au besoin. Limitez le port de bijoux et enlevez votre montre. On dit que le regard de l'autre se fixe souvent sur cet accessoire. Ayez les cheveux propres. N'utilisez pas de parfum ou d'antisudorifique parfumé afin de ne pas indisposer vos coéquipiers.

9. Soyez ponctuel

Arrivez à l'avance à votre audition. Vous aurez ainsi le temps de compléter votre fiche de présence, de relaxer, de vous concentrer et de réviser votre texte, s'il y a lieu. La ponctualité est un atout. La circulation ou la tempête de neige ne sont pas des excuses valables. Soyez prévenant. Les heures ne sont pas extensibles. Nous oublions les embouteillages, le manque de place pour stationner, le temps de marche de la voiture ou métro jusqu'à l'adresse, l'attente de l'ascenseur, *etc.* Nous calculons le temps de manière trop juste. Si votre navigateur indique que cela prend une heure pour vous rendre et que votre rendez-vous est à 16 heures, partez alors à 14 heures 15. Assurez-vous d'avoir assez d'essence. Ne comptez pas uniquement sur votre GPS, imprimez également votre circuit. Informez-vous s'il y a un stationnement, combien il coûte, s'il y a des parcomètres. Prévoyez apporter une carte de crédit ou de la petite monnaie. Ayez toujours le numéro de téléphone de l'endroit où vous allez; ainsi, s'il y a un pépin et que vous ne pouvez pas rejoindre immédiatement votre agent, vous pourrez avertir les gens sur place. Soyez à l'avance et vous augmenterez vos chances de réussite.

10. Restez humble

Laissez votre ego à la maison. Ce n'est pas parce que vous avez obtenu quelques rôles que vous êtes une «vedette». Un de mes jeunes ne veut pas envoyer de démo lorsqu'on lui en fait la demande, car dit-il: «Ils me connaissent.» Il ne réalise pas que ce ne sont pas tous les réalisateurs qui regardent les téléséries. Si votre agent vous demande un démo, donnez-lui un démo.

Un autre jeune adulte, se prenant pour une étoile, a décidé de partir quand même en voyage malgré le fait qu'il connaissait la date du *recall** (c'est-à-dire la deuxième audition). Le jeune avait été sélectionné en tant que finaliste pour un premier rôle dans un film. Il devait se rendre au *recall*, mais il voyageait en Europe. La directrice de casting a dû changer la date d'audition à cause de lui et déplacer 24 personnes. Cet acteur s'est présenté à l'audition, n'a même pas remercié la directrice de casting pour avoir changé la date. Il a finalement décroché le rôle, mais je dois avouer qu'il n'est pas à la veille de se voir offrir une autre audition par cette directrice. Avis à ceux qui se croient les nombrils du monde: cela ne paie pas. Un jeune de neuf ans m'a déjà révélé: «Je ne fais pas ce métier pour être *hot*, je fais ça parce que j'aime ça. Je suis une personne comme tout le monde.» Quelle sagesse!

11. Soyez flexible

Vous devez être disponible à toute heure du jour. Les auditions sont souvent programmées à la dernière minute, parfois la veille. Et que dire des tournages? Un jeune était en attente pour un départ le lendemain à Toronto afin de participer à une publicité. À 23 heures, la veille, il a reçu un appel du directeur de casting pour lui dire qu'il était finalement le deuxième choix et qu'il ne devait pas se rendre à l'aéroport le lendemain. Quelle déception, si près du but. Et quelle flexibilité de la part des parents, les valises étaient prêtes.

Vous devez également faire preuve de souplesse lorsque vous travaillez avec des gens différents, aux caractères variés. Les personnes qui font passer des auditions peuvent parfois sembler froides et austères, surtout après avoir rencontré dans la même journée 30 acteurs auditionnant pour le même rôle.

Vous devez être coopératif face aux demandes des coiffeurs qui suggèrent tel changement de coupe ou de couleur. Vous devez vous adapter à toutes les situations : porter un chandail qui pique, une robe orange à pois verts, tourner à −20 ºC ou à + 30 ºC en plein soleil.

12. Demeurez patient et discret

N'abandonnez pas votre carrière au premier refus. Soyez persévérant et travaillant. La chance vous sourira si ce métier est fait pour vous.

Les journées sont parfois longues sur les plateaux de tournage : de 6 heures à 18 heures. Vous ne tournez pas tout le temps, il y a presque toujours de longues périodes d'attente. Alors apportez-vous un bon livre, un jeu vidéo, vos devoirs, des jeux de société ou autres activités pour vous aider à passer le temps. Et, de grâce (ceci s'adresse aux figurants), ne vous plaignez pas en disant à tout moment : «C'est long.»

Croyez-moi, on ne vous engagera plus. Prenez la chose du bon côté et dites-vous : «Je suis payé pour ATTENDRE, je suis payé pour JOUER AUX CARTES avec mes amis, je suis payé pour LIRE, et bien payé en plus.»

Soyez discret, ne dérangez pas les autres comédiens afin de ne pas les déconcentrer. J'ai déjà vu une figurante offrir à un acteur principal d'aller garder son bébé. Elle s'est même assise sur les genoux du comédien pour se faire prendre en photo. Un autre s'était faufilé dans la salle technique pour tout voir. Ce n'est pas ainsi que vous allez grimper les échelons.

13. Gardez une attitude positive

Ce n'est pas un métier facile, les acteurs essuient souvent des refus et ils sont souvent déçus. Je crois cependant que les enfants oublient plus rapidement une déception.

Je suggère aux parents de ne pas dramatiser pour rendre la situation plus grave qu'elle ne l'est en réalité. Vous pouvez expliquer aux enfants que parfois on choisit une crème glacée au chocolat, une autre fois on la prend aux fraises, et une autre journée on la préfère à la vanille. Cela ne veut pas dire qu'une saveur est meilleure qu'une autre. La même chose se produit lors des auditions (surtout dans le cas des publicités), une journée un réalisateur décide qu'un tel est parfait pour un rôle puis, le mois souvent, c'est un autre qu'il préfère. Cela ne veut pas dire que l'enfant non choisi n'a pas de talent. Il est certain que si, à la suite d'une quinzaine d'auditions, l'enfant n'obtient jamais de rôle, il faut se poser des questions et le réévaluer.

Dans plusieurs livres de psychologie, on explique que ce n'est pas l'événement qui crée l'émotion mais la façon dont on va le percevoir. Deux enfants s'amusent au bord de la mer. Une vague les jette par terre. L'un rit, l'autre pleure. Pourtant, il s'agit du même événement, mais la pensée de chacun nuancera différemment l'émotion ressentie. C'est à vous de choisir comment vous voulez vivre vos propres expériences.

14. Visualisez

Au Japon, on dit qu'il ne faut jamais redouter quelque chose si on veut que cette chose arrive. Alors il ne faut pas penser: «J'ai peur de me tromper dans mon texte ou j'ai peur de ne pas être capable de décrocher le rôle», car c'est exactement ce qui arrivera. La peur bloque l'énergie, elle fige le sang dans nos veines. Elle nous fait respirer à moitié, donc elle bloque l'air qui sert à libérer notre souffle et nos paroles.

Au contraire, ayez confiance en vos capacités, décrivez en pensée comment vous voulez vivre votre audition. Demandez et vous recevrez. Pour accentuer l'arrivée de votre désir, écrivez-le. Un rêve écrit se transforme en projet, et plus il se transforme en projet, plus il devient réalisable.

Certains temples japonais distribuent des feuilles de papier comestibles ressemblant à des hosties très fines sur lesquelles on inscrit un vœu. En avaler une chaque jour pendant une certaine période et en se concentrant sur ce qu'on demande permettrait la réalisation de ce vœu.

Personnellement, je n'ai pas essayé cette méthode, mais j'ai essayé celle-ci : coller sa photo sur un téléviseur découpé dans une revue. On dit qu'il faut non seulement se voir obtenir le rôle, mais aussi se voir tourner, se voir à l'écran, et en plus il faut ressentir les émotions comme si on avait obtenu le rôle. Visualisez que vous jouez votre personnage, sentez l'odeur des studios, ressentez la chaleur des réflecteurs sur votre corps, voyez le décor, entendez le réalisateur prononcer votre nom... Enfin, utilisez vos cinq sens et répétez :

— Je réussis mon audition et j'obtiens le rôle.

15. *Soyez de bonne humeur*

Pourquoi un acteur à l'aspect similaire, à talent égal, réussit et un autre pas ? C'est souvent à cause de l'énergie qu'il dégage, de sa personnalité et de son charisme. Le réalisateur n'a pas le goût de travailler avec un air bête. En entrevue, ces gens vont privilégier les personnes à l'attitude positive.

Alors 3-2-1, SOURIEZ.

Conclusion

Métier d'acteur : bonheur ou montagnes russes ? Luxe, calme et volupté, ou pauvreté, stress et découragement ? Nous avons levé le voile sur les secrets bien gardés de la carrière du comédien. Le métier est loin d'être routinier et ennuyeux. Vous passez par des gammes d'émotions variées. Vous pouvez vivre le plus beau jour de votre vie. Mener une existence de vedette sous les projecteurs. Voir votre image sur petit et grand écran. Être reconnu dans la rue par vos fans et signer des autographes. Acheter un condo à 18 ans et faire de merveilleux voyages. Vous pouvez être adulé, choyé, aimé. Puis, le lendemain plus rien, oublié, descente aux enfers.

Oui, vous allez me dire que dans toutes les professions il y a deux côtés à la médaille, des avantages et des désavantages. Mais il me semble que, dans cette profession, les hauts et les bas sont multipliés par 10. Des personnalités ont eu la générosité de vous ouvrir leur cœur, de vous relater des moments inouïs, surprenants, amusants, de leur carrière.

Je crois que les mots les plus importants dans ce fabuleux domaine artistique sont les mots AMOUR et PASSION.

L'acteur choisit de faire ce métier pour être aimé. Il doit être prêt à toutes éventualités et, pour ce faire, il doit avoir la passion de son travail. Si vous désirez entreprendre la carrière d'acteur alors choisissez-la en toute connaissance et en fonction de vos valeurs, de vos goûts et de vos aptitudes.

Je termine en vous livrant une dernière anecdote. Je vous dévoile enfin le seul secret pour votre réussite.

***

Il était une fois 50 souris qui avaient comme mission de gravir une haute montagne. Plusieurs compatriotes restés au bas de la montagne leur prodiguaient maints conseils.

— Ben voyons donc, c'est beaucoup trop haut.

— Ça ne vaut pas la peine d'essayer.

— Attention, tu vas te faire mal.

— Tu es trop petite.

— Tu ne seras pas capable.

— Tu vas te casser le cou.

— Tu vas avoir chaud.

— Tu vas avoir froid.

— C'est trop fatiguant.

— Trop difficile.

— Trop rocailleux.

— Trop dangereux.

— Trop abrupte.

— Trop long.

— *Etc.*

À chaque minute de l'ascension, plusieurs souris décidaient d'interrompre leur projet. Soit elles étaient fatiguées, soit blessées, soit découragées. Après trois heures, 49 petites bêtes rebroussèrent chemin et se retrouvèrent au sol. Elles admiraient avec surprise une seule souris en haut de la montagne. Une seule souris arriva triomphante à la pointe du sommet. Une seule avait bravé la montée vertigineuse, le chemin rocailleux, l'exaltante route, la chaleur, le froid, la fatigue, la douleur... Pourquoi?... Pourquoi cette minuscule souris a-t-elle réussi alors que toutes les autres ont échoué?

La raison est fort simple, cette souris... était sourde.

***

Ne permettez jamais à personne de noyer vos désirs, de vous décourager, de vous abaisser, de vous anéantir, ainsi la vie vous sourira. Entourez-vous de personnes positives, motivantes, encourageantes et vos aspirations les plus profondes se réaliseront. Si vous avez lu attentivement ce livre, je suis certaine que le succès est déjà à votre porte, dans...

3, 2, 1...
PARTEZ!

** Louise, la petite souris qui était sourde,
a atteint le haut de la montagne.*

Lexique

Voici quelques définitions utiles employées dans le milieu du métier d'acteur.

AGENT D'ARTISTES

Il sélectionne une banque d'acteurs et fait la promotion de ceux-ci afin de leur trouver des rôles. Il est payé à commission par l'artiste, il reçoit généralement 15 % des cachets. C'est une personne intermédiaire entre le directeur de casting et l'artiste.

AGENT OU DIRECTEUR DE CASTING

Il est engagé et payé par le producteur afin d'assurer la distribution des rôles d'un projet de film, télévision ou théâtre. Il sélectionne les personnes correspondantes aux divers rôles et organise les auditions.

AGENT PUBLICITAIRE – AGENCE DE PUBLICITÉ

Une personne ou une entreprise qui conçoit une publicité.

AUDITION

Passer une entrevue dans le but d'obtenir un rôle.

BREAKDOWN

Soumission dans laquelle on retrouve le nom du projet et les informations de base reliées à celui-ci, ainsi que la description des rôles.

CLAP OU CLAQUETTE

Outil utilisé qui montre le numéro de la séquence et la prise de vue ainsi que d'autres données techniques. Cela aide, entre autres, à la synchronisation du son et de l'image.

CLIENT

C'est celui qui est le propriétaire de la compagnie ou le directeur de l'entreprise. Il engage une agence de publicité afin de concevoir son message publicitaire.

DOUBLURE

Une personne qui remplace l'acteur principal en cas de problème. La doublure peut également faire des tests d'éclairage pendant que l'acteur principal se repose.

DOUBLAGE

Remplacement de la voix sur une bande sonore en une langue différente.

HOLD

Ce mot est souvent employé dans le domaine de la publicité pour signifier que l'acteur est en recommandation, c'est-à-dire dans les premiers choix du réalisateur. Et c'est finalement le client qui décide du choix final.

PRODUCTEUR

Il cherche des nouveaux projets à réaliser et essaie d'obtenir les moyens financiers pour les produire. Il travaille en collaboration avec le réalisateur dans les choix artistiques: scénario, casting, montage...).

RÉALISATEUR

Il assure la responsabilité de l'ensemble de la création du film ou de la télésérie. Il détermine, à partir du scénario, le choix des comédiens avec la coopération de l'agent de casting. Il s'occupe des plans de caméra, des éclairages, du rythme, du choix musical...

RECALL

Les acteurs auditionnent une deuxième ou une troisième fois pour le même rôle.

RECAST

C'est une nouvelle audition avec des acteurs différents. Soit que le réalisateur n'a pas trouvé ce qu'il cherche la première fois, ou parce que le client a décidé de changer le sexe ou l'âge des participants.

 L'UNION DES ARTISTES travaille depuis 1937 pour faire reconnaitre les professions de ses membres et le droit à une rémunération équitable (8,480 membres et plus de 12,600 artistes incluant les stagiaires font partie de l'Union).

MEMBRE UDA

Personne qui a cumulé 30 crédits. Un rôle parlé donne un crédit, et un rôle muet ou une figuration permet d'avoir 0,5 crédit.

STAGIAIRE UDA

Personne qui a obtenu au moins un rôle parlé.

PERMISSIONNAIRE UDA

Personne qui a obtenu au moins un rôle muet ou une figuration.

Pour plus de détails au sujet des règlements des acteurs tels: contrats, déductions fiscales, tarification, horaires, temps supplémentaire, types de rôle, accumulation des permis, vêtements, repas, formation pour les membres, *etc.*, vous pouvez vous rendre sur le site de l'Union des Artistes:

www.uda.ca

Et pour approfondir vos connaissances
au sujet des divers métiers du cinéma,
il existe plusieurs sites sur le Web.

Remerciements

Merci à tous ceux et celles qui ont participé à la création de ce livre.

Chez Béliveau Éditeur, je remercie grandement Marthe Saint-Laurent, directrice de l'édition, qui a été la première personne à croire en mon projet, qui m'a soutenue et donné de précieux conseils. Merci au président, Mathieu Béliveau, pour sa confiance et à Diane Perreault, adjointe à l'édition, pour la mise en pages et les corrections finales. Merci à Christian Campana, concepteur graphiste.

J'offre ma gratitude à ma chère mère, qui m'a fait découvrir une partie du métier dès l'âge de trois ans et qui a toujours été à mes côtés durant mon cheminement. Merci à mon père, qui m'envoie sûrement des ondes positives et m'encourage encore de là-haut. Merci à mon fils bien aimé, Pierre-Luc Gervais, pour sa sagesse, sa complicité et son écoute autant durant mes moments de joie que dans mes périodes plus ardues. Je suis reconnaissante envers mon frère, Pierre Hébert, pour son appui et la prise de photos de la page couverture et envers sa magnifique fille, Ariane, qui nous a servi gentiment de modèle.

Je remercie, pour leur dévouement et générosité, mes amies correctrices: Jocelyne Cazin, Elsa Michael et Micheline Carrière.

Un merci à Mimi Legault et Annie Beauchemin, pour leur premier regard, ainsi qu'à Nicole Boulé, pour l'inspiration du récit de voyage du Festival de Théâtre à Abbotsford, près de Vancouver.

Merci à toutes mes amies pour leurs encouragements constants: Lucie, Louise, Anne-Marie, Laurette, Coralie, Michèle et Catherine de l'Agence HM. Merci à mes voisins Louise et Robert, Claude et Suzanne, pour leur soutien et leur aide pour les petits travaux autour de la maison lors de mes périodes intenses d'écriture.

J'aimerais souligner un merci et ma grande reconnaissance aux artistes qui ont eu la générosité de me raconter leurs récits: France Castel, Jocelyne Cazin, Isabelle Lajeunesse, Guillaume Lemay-Thivierge, Marie-Josée Longchamps et Mahée Paiement. Merci également à ceux et celles qui ont pris la peine de m'écrire ou de me téléphoner pour me donner leur réponse.

Merci à Martine Girard, présidente de *À l'infini communications*, qui a servi d'intermédiaire entre Guillaume et moi. Merci à tous les journalistes et photographes pour leur collaboration, dont Isabelle Thuot, pour ma photo sur la couverture arrière du livre et Denis Landry, photographe attitré lors de mon lancement de livre.

Et, bien entendu, j'aimerais remercier tous mes élèves, mes artistes, les parents de ces jeunes, les agents de casting, les réalisateurs et les producteurs qui m'ont inspirée pour l'écriture de toutes les anecdotes que vous avez pu lire dans ce livre. J'aimerais rendre hommage à toutes les professions reliées au métier d'acteurs qui travaillent dans l'ombre et, en particulier, les AGENTS D'ARTISTES.

Finalement, un merci tout spécial à vous, chers lecteurs et lectrices.

☺

À propos de l'auteure

LOUISE HÉBERT a obtenu un brevet d'enseignement en élocution française du Conservatoire Lassalle. Tout en poursuivant sa carrière de comédienne, (elle est membre de l'UDA depuis 1974), elle a complété un cours en animation de radio et télévision chez Promedia, puis terminé un baccalauréat et une maitrise en enseignement de l'art dramatique à l'UQAM.

Sa soif de connaissance étant intarissable et dans le but de transmettre son savoir, elle a enseigné dans diverses écoles (primaires, secondaires, cégeps) puis a fondé sa propre école de théâtre. Elle a participé à des Festivals de la culture à Vancouver, en Martinique et a donné des ateliers de créativité en Autriche.

Afin de couronner ses succès, la ville de Saint-Eustache l'a gratifiée en la nommant Présidente d'honneur du Festival Arts en Fête.

Elle a animé des chroniques d'Arts et Spectacles à la télévision, des défilés de mode et des événements à grand déploiement. Elle a aussi donné des conférences sur la visualisation créatrice et la santé par l'humour.

Grâce à ses divers chapeaux: administratrice, comédienne, professeure, conférencière et maman d'un jeune acteur, elle s'est hissée au sommet des agentes d'artistes pour enfants.

Travaillant dans ce domaine depuis plus de 40 ans, Louise Hébert fait partie des pionnières en tant qu'agente d'artistes au Québec. En ce moment elle poursuit sa carrière de comédienne, elle continue d'offrir divers ateliers de jeu de l'acteur, donne des conférences et regarde fièrement ses artistes à la télévision et au cinéma.

www.louisehebert.ca

Facebook: www.facebook.com/
louise.hebert.902

LinkedIn: www.linkedin.com/profile/
edit?locale=

Courriel: info@louisehebert.ca

www.guillaumelemaythivierge.com/
x-quive/fondation/